松井 薫

10歳若返る! トウガラシを食べて体をねじるダイエット健康法

講談社+α《プラスアルファ》新書

まえがき——六〇歳を超えても三〇歳代の美を

世の中に流通している健康やダイエットに関する誤った「常識」を、全力で払拭《ふっしょく》したい！　——ズバリ、それが本書の狙《ねら》いです。

ちまたには、ダイエット本が氾濫《はんらん》していますし、テレビやインターネットでも、ダイエット情報があふれています。ですから「何を今さら」と思う人もいるかもしれません。

しかしながら、こうしたダイエット情報は玉石混交《ぎょくせきこんこう》で、かえって混沌《こんとん》の度合いが深まっているように思います。そして、さまざまな間違った情報が、いまなお根づよくはびこっていることについて、常々嘆《なげ》かわしく思ってきました。

まず、ダイエットとは体重に一喜一憂《いっきいちゆう》することではありません。この点は、しっかり肝《きも》に銘《めい》じておいて欲しいところです。肝心《かんじん》なのは、脂肪を燃やしながら理想の体型を目指して、ボディをリメイクすること。その結果として体重が落ちるにすぎないのです。つまり、ダイエットで重要なのは、体重よりも体型です。

ところが、多くの人は、体重に関しては、ある程度コントロールができたとしても、「自分が理想の体型になれる」という事実については、はなから信じていないか、あきらめてしまっているように見えます。

しかし、自分の思い描いたとおりに体をデザインすることは可能です。実際、私は二〇年以上にわたって、たくさんの人の「理想の体づくり」をサポートして、結果を残してきました。

さて、そんな私が提唱したい健康ダイエットのメソッドには、大事なポイントが二つあります。

①しっかり食べてやせる
②体をねじって健康になる

この二点を踏まえたうえで、さらに効率的に脂肪燃焼が促される体づくりとして、カプサイシンと呼ばれる辛《から》み成分を含むトウガラシを「ダイエット・スパイス」として取り入れるのが理想です。その理由は本書のなかで詳しく説明していきましょう。

第一章では、手はじめとして、燃焼すべき脂肪について掘り下げながら、ダイエットの基本的な考え方について解説していきます。いわば戦う前に「敵を知る」段階です。

また、体づくりの必要性とメリットについても、ここで述べておきましょう。この点をきちんと押さえておくことで、これからダイエットを実践するにあたってのモチベーションを高めつつ、次章へと読み進めてもらうのが目的です。

続く第二章では、どんなふうに食事をすればよいのか、そして第三章では、どんなふうに運動に取り組めばよいのか、それぞれ理解しておくべき知識を紹介しましょう。と同時に、よくあるダイエットにまつわる勘違いの数々についても、これらの章でバッサリと切り捨てます。

また、第三章では、体の上手な使い方、鍛え方のポイントも指南します。ここで紹介する内容を頭に入れておけば、よりスムーズに理想の体型に近づくことができますし、体を壊《こわ》すリスクも軽減できます。

そして、いよいよ第四章は実践編として、

①トウガラシ体操
②ねじるエクササイズ

を紹介します。理想とする体型を目指すためには、この二刀流で取り組むことをおすすめします。

トウガラシ体操は、脂肪を燃焼しやすい体になるための基本的なエクササイズ。私自身、このエクササイズを二ヵ月間にわたって実践し、一二キロの減量に成功しました。

一方、ねじるエクササイズで紹介する各動きは、体の要所要所をボディメイクするためのエクササイズです。

ねじるエクササイズに関しては、下腹、わき腹、太鼓腹、太もも、お尻、二の腕のシェイプアップ、あるいはバストアップ……自らが「ここをこう変えたい」という希望に応じて、自分らしく取り組めばＯＫです。

ラストの第五章では、体型を改造するにあたって、よくある誤解、覚えておきたい情報をまとめました。誤解を解いて、正しい知識を身につけてこそ、若々しく健康な体が手に入るのです。

また、私がパーソナルトレーナーになるきっかけとなった原体験と、その経緯についても告白させてもらいました。自分の話を通じて、体づくりの大切さについて汲《く》み取ってもらえればと願っています。

ところで、本書の表紙モデルとしてご登場いただいた松田有紀子《まつだゆきこ》さんも、私のダイエット健康法の実践者の一人。松田さんは雑誌『美ST』(光文社)が主催している「第六回　国民的美魔女コンテスト」のファイナリストに「血めぐり美魔女」として選出されました。

彼女との出会いは六年ほど前になりますが、その当時と比較しても、むしろ現在のほうが若々しく見えるほど。また、体も断然、動かせるようになりました。本人も「松井先生との出会いが私の人生を大きく変えたのかもしれません」と話してくれています。

第一章の終わりでも述べていますが、「体が変われば心も変わる」――そんな私の主張は、一〇歳は若返った美魔女の松田さんが体現されているようなもの。ちなみに、初めて出会った頃は、運動習慣が皆無で、体を動かすことにはまったく興味がなかったようです。

けれども、私の指導のもと、少しずつ体が変わりはじめるにしたがって、意識の変革が起こりました。具体的には、ヨガのインストラクターの資格を取得したり、今ではリンパマッサージのスクールを開校するまでになりました。

松田さんは一九七七年生まれで、中学生の子供を持つお母さんでもあります。じつは、過去には甲状腺ガンの手術を受けるといった辛い体験もなさっているのですが、現在の彼女はこうした病気も乗り越え、母としても起業家としても精力的に活動されています。

松田さんいわく、「昔は傷つくのが怖くて、人生の振り幅はなるべく小さくするように生きてきた」そうで、自ら何かに挑戦するような行動力は持ち合わせていなかったとのこと。そんな彼女が、美と健康を両立した体づくりに熱心に取り組み、新しい挑戦を続けている姿に、私自身も励まされています。

この調子で行けば、松田さんは六〇歳を超えてもなお、三〇歳代に見えるような美と健康をキープできるのではないでしょうか。しかし、これは彼女が特別なのではありません。すべては自分次第。誰もが、何歳からでも、外見も中身も若返ることは可能なのです。

私の健康法とダイエットの特長は、自らの体を実験台として知り得たことを、みなさんに伝えられる点にあります。食事や運動など、いずれも自分なりに長年かけて実証してきたことを大切にしています。

ダイエットも含めて、健康な体づくりのコツは、理屈だけでは学びきれないと私は考えています。さまざまなことを試してきた「水先案内人」として、実地で学び得たことを、この一冊にまとめ上げました。ぜひ、あなたの血となり肉となる読書を目指してください。

目次◉10歳若返る！　トウガラシを食べて体をねじるダイエット健康法

第三章　「ねじってやせる」で若返り

第四章　トウガラシ体操&ねじるエクササイズ

第五章 「体重より体型」で健康に

あとがき――「体づくりの教科書」を目指して

本文イラスト——松本奈緒美

第一章　脂肪細胞の謎を解き明かす

脂肪は敵なのか

健康なダイエットを行う際、減らすべきは脂肪です。より正確に言えば、問題にすべきは脂肪細胞が蓄えている脂肪です。ですから、たとえ体重自体が落ちたとしても、栄養不足で筋肉が落ちてしまうような健康法やダイエットは誤りです。

そう考えると、体重計に乗って一喜一憂するのは、あまり意味がありません。たとえば、食事や水分摂取によっても一～二キロは増減するものですし、サウナなどで汗をたくさんかいても、一時的に体内の水分が減って目方が減るだけです。あくまでも健康的なダイエットでは、体に溜め込んだ脂肪を落とすのが大前提になるのです。

では、脂肪細胞とは何なのか、そして、私たちの体にとって、どんな役割を果たしているのでしょうか――この章の手はじめとして、脂肪細胞の正体について詳しく掘り下げて、ポイントを押さえていきましょう。

端的に言えば、脂肪細胞は「脂肪の貯蔵庫」のようなもの。私たちの体は、使い切れなかった余分な脂肪を蓄積して、必要に応じて、溜め込んだ脂肪をエネルギー源として用いています。

つまり、脂肪細胞が脂肪を蓄積すればするほど、肥満度が高くなるのです。

ちなみに、ひと昔前までは、脂肪細胞の数は思春期あたりまでは増加が見られるものの、成人以降は、数自体の増加はないと考えられていました。しかし、近頃の研究で、一定年齢を過ぎてからもなお、脂肪細胞が増殖《ぞうしょく》することがわかっています。

たしかに、幼少時から脂肪細胞が多い、あるいは成人にいたるまでに脂肪細胞が増えてしまったような人は、太りやすい体質と言えますが、一方で、脂肪細胞が多くない人も「自分は太りにくい体質だから大丈夫」と油断はできません。

体が消費する以上の脂肪を摂り続けていれば、肥大化するのに限度のある脂肪細胞が、その数を増やそうとするのは当然の帰結だと言えるでしょう。

いずれにしても、脂肪を溜め込んでしまうほど肥満はひどくなります。とくに年齢を重ねるにつれて、筋肉量が減りやすくなる一方で、どんどん脂肪を溜め込みやすくなります。

脂肪はエネルギー源なので、ある程度の蓄えは、もしものときの備えとして必要ですが、抱え込みすぎては美的観点だけでなく、健康面でも大いにマイナスです。

ところが――こうした一連の話が、脂肪細胞のすべてにあてはまるわけではないことが明らかになっています。というのも、脂肪細胞は、白色脂肪細胞と褐色《かっしょく》脂肪細胞とに大別できるのですが、両者の働きはまったく異なるからです。

問題なのは、脂肪細胞の大多数を占める白色脂肪細胞。いわゆる肥満体型の人は、白色脂肪細胞の増大を招いているのです。

外見で「ブヨブヨしているな」と判断できるのは白色脂肪細胞。お腹回り、二の腕、お尻回り、太もも……これらの贅肉《ぜいにく》は白色脂肪細胞の塊《かたまり》なのです。

褐色脂肪細胞はダイエットの味方

では続いて、気になる褐色脂肪細胞とはどんなものなのか。この細胞の特殊な働きについて説明していきましょう。

褐色脂肪細胞は、脂肪細胞でありながら、脂肪を分解してエネルギーをつくる細胞です。白色脂肪細胞が、脂肪の蓄積と供給に関与するのに対して、褐色脂肪細胞は、脂肪の消費と熱産生を担っています。つまり、褐色脂肪細胞は白色脂肪細胞とは違って脂肪燃焼を促すので、ダイエットのつよい味方となる存在なのです。

褐色脂肪細胞は、私たちが体を動かせない状態に置かれているときに、体を温めるヒーターのような役目を果たしてくれる細胞。従来は、胎児や冬眠中の動物などに多く存在する細胞だと考えられていたそうです。こうした褐色脂肪細胞の働きが、体温の低下を防いだり、寒さから命を守る手助けをしているのです。

人間の場合、成人すると、褐色脂肪細胞はほとんどなくなってしまうと考えられていたそうですが、北海道大学名誉教授の斉藤昌之《さいとうまさゆき》先生が、成人にも褐色脂肪細胞が存在することを実証しています。

とはいえ、褐色脂肪細胞は赤ちゃんの頃が最も多く、その後、年齢を重ねるにつれて減少してしまいます。生まれたときには一〇〇グラムほどある褐色脂肪細胞が、成人する頃には、四〇～五〇グラムぐらいまで減少してしまうと考えられています。

成人以降も、加齢とともに褐色脂肪細胞は減り続けることがわかっていますが、こうした褐色脂肪細胞の減少も、太りやすくなる要因の一つだと言えるでしょう。

褐色脂肪細胞は、白色脂肪細胞とは異なり、特定の部分に集中しているのが特徴です。具体的には、首の後ろ、肩甲骨回り、脇の下、心臓や腎臓の周辺に点在しています。

褐色脂肪細胞は、その数にも、活性の度合いにも、個人差があり、褐色脂肪細胞の数の大小および活性度によって、やせやすい、太りやすいといった体質が左右されます。

一方、特定の条件下において、褐色脂肪細胞の活性化が可能なこともわかっています。

その一つが、褐色脂肪細胞が集中する場所を動かして刺激を与えること。つまり、首～肩～背中を重点的に動かせば、脂肪燃焼を促進できるのです。

こうした褐色脂肪細胞を効率よく刺激できる体操を、第四章では紹介していきます。

また、先に挙げた斉藤先生の研究によると、トウガラシなどに含まれる辛み成分、カプサイシンが褐色脂肪細胞を活性化させるそうです。ですから、食事の面では、カプサイシンの摂取が脂肪燃焼を後押しするパワーとなります。

なぜ、カプサイシンが褐色脂肪細胞を活性化させるのでしょうか。そのスイッチをオンにするカギを握るのは自律神経の働きにあります。

自律神経は「体を活発化する交感神経」と「体を鎮《しず》める副交感神経」の二系統があり、この両者でバランスをとっています。端的に言えば、交感神経がアクセル、副交感神経がブレーキにあたるのです。ダイエットの観点から見れば、交感神経＝脂肪を燃焼する神経、副交感神経＝脂肪を溜め込む神経に該当します。

カプサイシンは交感神経を刺激して、ノルアドレナリンと呼ばれるホルモンの分泌を促します。そうすると、分泌されたノルアドレナリンに褐色脂肪細胞が反応して、活性化しはじめるのです。

つまり、カプサイシンの摂取が、脂肪燃焼を促すきっかけになるというわけです。

詳しくは第二章にゆずりますが、私自身、辛《から》いもの好きで昔からトウガラシをたくさん食べてきた経緯があり、カプサイシンの脂肪燃焼効果をつよく実感しています。

斉藤先生の理論によると、私たち人間の場合、褐色脂肪細胞を上手に活性化できたとすれば、およそ年間三・八キロもの脂肪を減らすことが可能だとのこと。だとすれば、必要な筋肉を落とさずに脂肪燃焼を促すダイエットを実現するためには、褐色脂肪細胞の働きを賢く活用しない手はないでしょう。その点を突き詰めたメソッドが、「カプサイシンとねじる」でやせるダイエット法です。

ベージュ色の脂肪細胞の発見

そして、さらに興味深いのが「ベージュ脂肪細胞」の発見です。これは近年になって初めて明らかになった細胞で、褐色脂肪細胞を活性化させるような運動やカプサイシンの摂取によって、白色脂肪細胞が褐色化する（＝ベージュ色になる）事実があるそうです。

つまり、褐色脂肪細胞を増やしたり活性化させることは、白色脂肪細胞を褐色化するという変化をもたらすのです。そして、ベージュ色に「変身」した脂肪細胞は、エネルギーの消費や熱産生を促す——つまり、褐色脂肪細胞と同様の働きを示すのです。

とくに、ベージュ脂肪細胞を増やすには運動が有効であることがわかっています。そのカギを握っているのが、近年発見されたイリシンと呼ばれるホルモンです。

じつは、筋肉は運動器官としての役割だけでなく、内分泌《ないぶんぴつ》器官としての働きを担っていることが判明しています。事実、イリシンは運動することによって筋肉から分泌されるのです。

筋肉から分泌されたイリシンは血液中に放出されて、白色脂肪細胞にたどり着きます。すると、白色脂肪細胞を褐色化する、すなわちベージュ脂肪細胞を出現させるのです。言ってみれば、イリシンは脂肪燃焼を促すホルモンです。

また、運動も自律神経のバランスに変化をもたらします。体を動かすことが、脂肪燃焼のアクセルにあたる交感神経の活性化を促すのです。すると、交感神経は褐色脂肪細胞に働きかけて、熱の産生を促すとともに、そのエネルギー源として、白色脂肪細胞に蓄えた脂肪を利用するので、体内の脂肪燃焼につながるのです。

要するに、①褐色脂肪細胞を増加、活性化させるような運動をして白色脂肪細胞を減らす、②運動によって筋肉からイリシンを分泌させて、白色脂肪細胞をベージュ脂肪細胞に変える、こうした二重の意味合いから、脂肪を燃焼させるには運動が非常に大切であることがわかります。

また、運動は筋肉を維持して基礎代謝を増やすことにもつながるので、「やせやすく太りにくい」体づくりに直結します。

「普通預金」と「定期預金」の違い

私たちの体で脂肪が溜まりやすい場所は、大きく二つあります。一つは生理的に大事なところ、そして、もう一つは動かしていないところです。

生理的に大事な場所とは、女性であれば下腹部です。子孫を産んで未来へとつなげる性として、子宮部分を守ろうとする。これは生命体として、非常に筋が通った理屈なので、なるほどと納得してもらえるでしょう。

一方、男性にとって守るべき大事な場所も腹部になります。というのも、腹部には肋骨《ろっこつ》のような骨がないので、脂肪で内臓を守る必要があるからです。

そのほか、脂肪がつきやすい場所としては、二の腕や脚などいくつかありますが、これは、やはり運動不足が一番の理由だと思います。

ところで、白色脂肪細胞は皮下脂肪と内臓脂肪とに区別ができます。皮下脂肪は皮下組織に蓄積された脂肪、内臓脂肪は内臓を包む膜につく脂肪です。

基本的に、皮下脂肪は体中の皮膚の下であれば、どこにでもつきますが、とくに、お尻や太もも、下腹部あたりにたっぷりつきやすい傾向があります。いわゆる下半身太りは皮下脂肪が溜まっているタイプです。

皮下脂肪は男性よりも女性につきやすい脂肪です。これは女性ホルモンの働きによる影響で、とくに思春期以降の女性は皮下脂肪が溜まりやすくなります。

皮下脂肪は妊娠や出産に備えて、エネルギー源として蓄えるという意味合いがあるので、ある程度の皮下脂肪は女性にとって大切です。また、ある程度の皮下脂肪であれば、女性らしい柔らかさを醸《かも》し出す要素でもあります。

そのほか、男女問わず、皮下脂肪には寒さや外部からの衝撃に対して体を守る働きもあります。

一方、内臓脂肪は、その名から推測できるように、お腹回りにつく脂肪です。「ビール腹」などと呼ばれる上半身太りの一定数にあてはまります。

皮下脂肪と異なり、内臓脂肪は女性よりも男性につきやすいのですが、女性でも、閉経《へいけい》以降、次第に内臓脂肪が溜まりやすい体質になります。

同じようにお腹回りが太っていても、指でつまめるようなら皮下脂肪と判断していいでしょう。内臓脂肪の場合、一見すると脂肪が溜まっているのがわかりにくかったり、ポッコリとお腹が突き出ているわりに、贅肉《ぜいにく》がつかみにくいのが特徴です。

詳しくは後述しますが、内臓脂肪型の肥満は生活習慣病のリスクを高めるので、皮下脂肪よりも健康面で問題になります。

蓄えられた脂肪は、内臓脂肪のほうが使われやすく、皮下脂肪はなかなか使われません。一方、溜まりやすいのも内臓脂肪で、皮下脂肪は溜まりにくい特徴があります。

男性は、女性のように妊娠出産をしないので、皮下脂肪を溜め込む必要はありません。しかしながら、狩猟採集時代にはハンターとして外に出て、動物相手に戦う必要がありました。そのためのエネルギー源として、内臓脂肪を溜め込む必要があったものと考えられます。

言ってみれば、内臓脂肪が「普通預金」で皮下脂肪が「定期預金」のようなもの。短期的な脂肪の貯蔵庫が内臓脂肪で、長期的な脂肪の貯蔵庫が皮下脂肪です。

ですから、運動をすると内臓脂肪が落ちやすいのに比べて、皮下脂肪を落とすには、地道に継続的なダイエットをする必要があります。

「脂肪貯金」を増やすとどうなる？

私たちの体は、年齢とともに脂肪が増加しやすくなる一方、筋肉量は減少しやすくなります。脂肪と筋肉の量、この両者は、どちらかと言えば反比例しやすい傾向にあります。

そして、相反する作用が重なることで、より基礎代謝が低下しやすくなります。そうすると、必然的にメタボリックシンドローム、ロコモティブシンドローム（運動器症候群：運動器の障害による移動機能の低下した状態）になるリスクも高まってしまうのです。

メタボリックシンドロームで問題になる脂肪は内臓脂肪です。なぜなら、内臓脂肪は生理的機能をコントロールする内分泌器官としての役割を持っているからです。

具体的には、内臓脂肪が増えすぎると、血糖値や血圧が上昇しやすくなったり、中性脂肪を増加させたり、血管を傷つけたり、健康にさまざまな弊害を招きます。そういった状態が続くと、糖尿病、高血圧症、脂質異常症、動脈硬化など、生活習慣病のリスクが高まってしまいます。

ただ、メタボリックシンドロームだと診断されたとしても、これといった自覚症状はないのが普通。すぐに何か日常生活に支障をきたすような不調は現れません。

けれども、自覚できるサインがない点が、より怖いところでもあります。というのも、先に挙げたような生活習慣病が、知らないうちに忍び寄っているからです。

また、内臓脂肪に限らず、脂肪を溜め込んでしまうと、それだけ膝関節に余計な負担をかけたり、軽快な動きの妨《さまた》げになったりします。

ですから、いくつになっても、動ける体をキープするためには、脂肪を落とすこと、筋肉をつけること、この両面から対策を講じる必要があるのです。

さらに言えば、生活のオートメーション化で、日常生活のなかでの運動量も減っていて、成人以降、運動習慣を持たない人もたくさんいます。そのため、加齢とは関係なく、筋力が低下している人も増えているのです。

要するに、私たちが生活する現在の環境は、油断をしていると「やせにくく太りやすい」

体に傾きやすいのが現状なのです。

だとすれば、現代人が脂肪を溜めがちなのは、食べすぎというよりも、ラクなほうラクなほうへと流れて、体を動かさなくなった生活スタイルにこそ、原因を求めるべきではないでしょうか。

とくに暴飲暴食していないのに太るとすれば、運動不足、つまり、生物としての本来のあるべき姿から離れているからでしょう。

賢く食べながら、意識的に体を動かす――そんなダイエットこそ、理想的な体づくりだと思います。

ダイエットでよくある勘違い

一般的には、褐色脂肪細胞の数は、四〇歳では、二〇歳の頃の半分まで減ってしまうと言われています。その点を考慮すると、三〇歳くらいから、基礎代謝を上げる対策をスタートしたほうがいいでしょう。

とくに、日本人は食事だけでダイエットをしようという発想を抱きすぎ。そこまで食事に頼って体重を落とすのはキツイのではないかと私は思いますが、ダイエットというと、とにかく食事を減らしてどうにかしようと考える人が非常に多いのです。

もちろん、不摂生《ふせっせい》な食事はよくありませんが、「そこまで無理な減量食をしなくても、もっと簡単にやせられるよ」というシンプルな事実を、もっと広く知って欲しいと願っています。

少なくとも、ちまたの「食事だけでダイエットをしましょう」というタイプの本で推奨《すいしょう》されているような食事スタイルは必要なし。そこまでキツイ食事に変えなくても、より健康的にきれいにやせられます。

もっと食事の摂生はゆるくして、その代わりに、たとえば風呂上がりに普段やっていない動きをすれば、それだけで数キロは落ちて健康になると思います。

そこでさらに欲が出てきたら、もう少し食事の見直しをしたり、あるいは運動量を増やすなど、段階的にそれぞれ工夫《くふう》を加えていけばよいでしょう。そこは人それぞれの選択です。

また、日本人の真面目《まじめ》な気質が災いしているのかもしれませんが、最初から根を詰めてやりすぎる人が多いように思います。でも、そんな生真面目《きまじめ》さは得策ではありません。

具体的なやり方は詳しく後述しますが、順序を踏んで、のんびり構えて取り組んだほうが、結果として失敗も少なく、効果もしっかり引き出せるのです。

また、ダイエットをやっているうちに当初の目的を見失って、体型を変えるよりも「何キロ落ちたか」など、体重計の数字に対する達成感に目移りしてしまうケースもしばしばあります。

というのも、体重計に乗って表れる数字は、とてもシンプルでわかりやすいから。ある意味、客観的で嘘をつかない体重計の数字に、ついつい一喜一憂する愚に陥《おちい》りやすいのです。

しかし、第四章で紹介する褐色脂肪細胞を活性化させる体操にしても、シェイプアップ効果がなければ、何キロ落ちたという話だけで終わってしまいます。

そうではなく、ウエストが引き締まるなど、体型が美しくなるからこそ、「ウエストが細くなって結果として一二キロ落としました！」と胸を張って言えるのです。

何しろ、同じ一二キロの減量だとしても、どこからどう一二キロを落としたかによって、見た目は全然違います。

モデルさんのように鏡で全身をよくチェックする人であれば、体型の変化に敏感です。一方、ただ何となく体重計に乗っているだけだと、自分の体型の変化を見落としてしまいがちです。

とはいえ、何と言っても自分の体ですから、モデルさんのような特殊な職業の人ではなくても、鏡を見る習慣さえつければ、体重計をさほど気にしなくても、自分の体型の変化に気づけるようになります。

そもそも、ダイエットが必要な人は、贅肉がそれなりについているわけですから、体操中に体をねじってみたり、入浴中などに自分で贅肉をつまんでみれば、その感覚で違いがわかるでしょう。

ジョギングより歩くほうがいい理由

やせることだけで言えば、一回につき三〇分程度歩くだけでも確実にやせます。ちなみに、ジョギングをするよりも歩くほうが、よっぽどやせます。そこは誤解されやすいので、正しく認識しておきましょう。

では、なぜ歩くほうがやせやすいのでしょうか。それは、歩くのとジョギングとでは、消費するエネルギー源が異なるからです。

具体的には、走るときに消費するおもな栄養素は、筋グリコーゲンと呼ばれる糖質です。筋グリコーゲンとは、筋肉に貯蔵されているグリコーゲンのこと。グリコーゲンの分子はブドウ糖がたくさんつながった構造をしていて、必要に応じて分解されて、ブドウ糖がエネルギーとして利用される仕組みです。

一方、スローで長く運動すればするほど体内の脂肪燃焼が促されます。ですから、ジョギングよりも歩くほうがやせやすいのです。

焼き肉でたとえれば、一気に強火で焼くか、遠赤外線でじっくり焼くかのような違いがあります。言ってみれば、走るのは表面が焦《こ》げるほど一気に焼いてしまうようなもの。他方、歩くのは中までじっくり焼くようなイメージです。

走ったほうがたくさん汗をかきますが、脂肪の燃焼量は、さほど多くありません。他方、歩いている分にはたいして汗はかきませんが、脂肪の燃焼量は確実に稼げるのです。

体力的には走るときほどエネルギーを消費していないとしても、ラクに脂肪を燃焼するには、歩くほうが断然おすすめです。

「やせるためにジョギングを始めました」という人がしばしばいますが、そんな話を聞いた場合は、理由を説明してやめてもらっています。

また、ダイエットとしてウォーキングをする場合は、食事前に行うのがベストなタイミングです。水分だけはしっかり摂っておいて、食事前の時間帯に持久的な運動をすると、脂肪燃焼がより促されます。

一方、食後に運動をすると、どちらかと言えば、蓄えられている脂肪が使われにくく、食事をして血糖値が上がった状態の栄養素、つまり血液中のブドウ糖が用いられます。

体内の脂肪組織として取り込まれていない状態の、フリーの栄養素が使われるので、食後の血糖値が気になる人には適しているのですが、やせたい場合は、体内で組織化されている栄養素が使われるようにするほうがベターです。

ダイエットのためには、血液中に含まれる栄養素よりも、体の脂肪を燃焼させて使いたいところ。そのためには、食事前にウォーキングをするのが効果的、というわけです。

そのほか、より脂肪を燃焼させるためのアドバイスとしては、ウォーキングをするときの腕の振り方——できるだけ腕をしっかり振ることで、さらに脂肪燃焼が促されます。

脂肪を効率よく燃焼させるヒント

体内の熱量を生み出すのは筋肉です。全身の筋肉をまんべんなく動かすことを心がければ、それだけで熱量は上昇します。熱量が上がれば、その分だけ脂肪も落ちやすくなるので、当然ながら、よく体を動かすことは、ダイエットの一環としても理に適《かな》っています。

さて、熱したフライパンに、バターを溶かす場面をイメージしてみてください。体がフライパン、脂肪がバターにあたります。

体のごく一部しか使っていない人の体は、真ん中のほんの一部しか温まっていないフライパンのような状態です。調理するときは、最初にフライパン全体をしっかり熱して使いはじめるのが基本であるように、脂肪をたくさんしっかり溶かすには、できるだけ全身を動かして温めるのが理想です。

概して言えば、「大きな筋肉」を若返らせるのが近道です。とくに、下半身ならお尻回り、上半身なら肩回りや腹部回りへの刺激です。

大きな筋肉をよく使い、正しい姿勢を保つ——これらが代謝アップのポイントです。筋力の低下を防ぐには姿勢が重要で、姿勢が崩れている人ほど下半身が衰えやすくなります。体を動かして褐色脂肪細胞は活性化できたとしても、姿勢が悪いままだと筋力が低下しやすく、美しくも見えません。ですから、正しい姿勢のキープは非常に大切です。

ちなみに、第四章で紹介するトウガラシ体操は、大きな筋肉を効果的に鍛えることも目指しています。この体操に取り組むことで、脂肪を効率よく燃焼させながら、代謝アップが実現できます。

そのほか、代謝を上げるためには日常生活の活動量を増やすことも肝心《かんじん》です。

代謝が落ちていて太りやすい人は、日常生活のなかで、最低限の動きしかしていないケースがとても多い。そうすると、普段の生活では使わない筋肉が、次第に硬くなってしまいます。

筋肉が硬くなるのは、そこに刺激がいっていないからです。そして、筋肉が硬くなればなるほど、脂肪も溜まりやすくなります。

ですから、普段は使っていない筋肉に対して、ストレッチを通じて刺激を送ることも、健康やダイエット対策としては間違っていません。とはいえ、ただストレッチだけでやせよう、ヨガだけでやせよう、健康になろうといった考え方には、無理があると思います。

たとえば、蛇行《だこう》している川をイメージしてみてください。基本的に、蛇行している川の内側のほうが、水の流れがゆるやかなので、砂利《じゃり》やゴミが溜まりやすくなります。

これは、刺激を受けない筋肉に、脂肪や老廃物が溜まりやすくなるのと同じような理屈です。

川に小石をポンと投げたとしても、砂利やゴミが流れ去るわけではありません。ストレッチやマッサージの刺激は、川に溜まっている砂利やゴミに向かって小石を投げているようなもの。投げ込む石の大小の差はあるかもしれませんが、それだけでやせようというのは、虫がよすぎる考え方でしょう。

川の砂利やゴミを取り除くには、もっともっと大きな流れが必要です。極端な話、大雨やダムの放流のようなパワフルな力が働けば、ゆるやかだったところに流れができて、溜まった砂利やゴミを除去できます。

私たちの体で言えば、こうした流れをつくるのが、筋トレをはじめとする運動にあたります。筋肉というポンプを動かして、流れを生み出そうという発想です。とくに皮下脂肪を燃焼させるには、こうした運動の継続こそが実を結びます。

年代に応じて代謝アップの努力を

一般的には二〇歳の基礎代謝をピークとして、理論上では、二〇歳頃から代謝が落ちはじめると言われています。実際には、だいたい二五歳くらいから自覚できるほどの低下が始まると理解していいと思います。

三〇歳代に突入すると、意識的にケアをしてきた人と放っておいた人とでは、体型が明らかに違ってきます。自分が見てきた限りでも、三〇歳を超えたあたりに、大きな分岐点《ぶんきてん》があるように感じています。

わかりやすいケースとしては、同い年が集まる同窓会に行ったとき。仲間を見てドキッとしたり、グサッと胸に突き刺さるようなことを言われた経験のある人も、なかにはいるのではないでしょうか。

二〇歳代の頃は、不摂生をして少し太っても、「まだ戻るだろう」とのほほんと構えていたり、人から「まだまだ若いんだし」などと言われて、その気になってしまいがちです。でも、三〇歳くらいになると、本人も「ちょっと、これはマズイんじゃないか」と気づきはじめたり、周囲の視線も冷たくなってくるものです。

そこで、ふんどしを締め直して一念発起《いちねんほっき》できるようであれば、まだまだ希望があります。

一方、そこで開き直って「まあいいいや」とそのままズルズル過ごしてしまえば、四〇歳代になって、いよいよ「ああ、だるいなあ」と何かとグチをこぼしたり、「よっこいしょ」と年寄りくさい言葉を連発するようになってしまうでしょう。

あるいは、本人の自覚がなかったとしても、端《はた》から見ると、実年齢よりも随分と老《ふ》け込んで見えるはずです。

四〇歳代でもかなり老けて見える人もたまにいますが、本人だって決して本意ではないでしょう。近頃の六〇歳代や七〇歳代の人は若々しい人が多いですから、むしろ、今の四〇歳代の人のほうが、将来的に心配な人が多いように思います。

一般的に言って、昔の七〇歳代と今の七〇歳代とでは、まったく見た目が違います。やはり、今どきはアンチエイジングに気を使っている人が多いからでしょう。

かつては、高齢になって腰が曲がる人が少なくありませんでしたが、最近は街なかでも、あまり見かけません。いくつになっても背筋がシャンとしている人が増えているのは、積極的に運動している人が多いからだと思います。

かえって、現在の二〇歳代や三〇歳代の人のほうが、便利な生活を享受《きょうじゅ》するばかりで、自分の体に関して油断しているような気がします。

とはいえ、それも致し方ない側面があります。なぜなら、この年代の人たちは、生まれたときからエレベーターやエスカレーターを当たり前のように使っています。動く歩道があったり、携帯電話があるのも当たり前。近年は、電話をするために公衆電話を探すことすら、滅多《めった》にないでしょう。

そう考えると、今の若い世代は、日常生活のなかでも、圧倒的に運動量が少なくなっています。一方、昔の人はもっと不便な時代を生き抜いてきたわけですから、若い頃の運動量がもっともっと多かった。つまり、体の基礎は昔の人のほうができているのです。そういった人たちが、歳を重ねてから再び、積極的に運動をしているわけです。

基礎体力不足の若い世代の未来は

ですから、今現在、元気なおじいさん、おばあさんが多いからといって、二〇歳代、三〇歳代あたりの人たちが、将来的に、現在の高齢者と同じ体力レベルをキープできているかと問えば、多分、そう簡単にはいかないのではないかと思います。

たとえば、文部科学省のスポーツテストで「最近の小学生たちは体力がない」と言われていた世代が、今の二〇～三〇歳代にあたります。

こうした運動経験に乏しい成長過程を経ていると、成人以降に体力が上がるとは考えにくいでしょう。体力レベルが上がらないまま大人になって、そのままオートメーション化の恩恵にあずかっていれば、基礎体力が養われるはずはありません。さらに飽食の時代をずっと生きてきたとしたら、肥満が加速するのも当然の帰結と言えるでしょう。

また、運動に対して積極的な意志や興味も持っていないとしたら、将来的にどんな未来が待っているでしょうか。

スマートフォンやパソコンばかりいじっているような生活を送っていたら、文字どおり、「頭でっかち」になります。というのも、体づくりをしなければ、体の線が細くて、相対的に頭が大きくなってしまうから。頭でっかちの体型なんて、言ってみれば映画に出てくる宇宙人のようなフォルムです。

昔に比べると、六〇歳代や七〇歳代の人たちは、背筋がシャンと伸びて、杖《つえ》をつく人も少なくなりましたが、とくに下半身は衰えやすいので、ゆくゆくは筋力低下によって、杖をつく人が再び増えるのではないでしょうか。

こうした予言めいた話は、口にするのは簡単ですが、リアルに想像してみると、じつに恐ろしい話です。しかしながら、たいていの人は、他人事のようにしか受け止めていないように思います。危機感が欠如しているとしか言えません。

頭でっかちになる、杖が手放せない生活になるといった未来の展望を避けるためには、個人的にも社会的にも、さまざまな改革をして環境を整えていかなくてはなりません。

物事は、何かにつけてラクなほうラクなほうへと流れるきらいがあります。けれども、体づくりに関しては、たとえ面倒でも自分自身でやらないと変わりません。基本的に、人まかせにできる範疇《はんちゅう》にはないのです。

大手電機メーカーが対話式で家電を操作できるような端末を研究開発しているそうですが、たとえば、自分が言葉を発すると電気がついたり、カーテンの開け閉めができるといった技術が、一般に広く普及していくとすれば、動かない人はますます動かなくなるでしょう。

「なりたい自分」のビジョンとは

とはいえ、体さえ動かせばＯＫという話でもなく、本来は、体をどう動かすかというところから考えていかないといけません。健康法、ダイエット法としての運動も同様です。

すると、カプサイシンで褐色脂肪細胞を活性化させることも賢い手段の一つ。もちろん、それで効率的にやせるのはよいことですが、骨格や筋肉など、体そのものを支える土台がしっかりしていないと、美容にも健康にもよくありません。

たとえば、たんにやせても姿勢が悪いままだと、美しくもカッコよくも見えません。私からすると、「この人は、本来、やせて一体どうなりたかったのだろうか」と疑問に思ってしまうケースも多々あります。

やせてどうなりたいのか――ダイエットしたい人、している人は、今一度、この点をしっかり自問自答して欲しいところです。

「やせてモテたい」「やせてカッコいい服を着たい」「スッキリした体でさっそうと街を歩きたい」など、人それぞれ、さまざまな理由があるでしょう。

では、モテる体型とはどんな体型でしょうか。カッコいい服を着てどうしたいのでしょうか。どうして、さっそうと街を歩きたいのでしょうか。

男性ならより男性らしく、女性ならより女性らしく、そうした体型になりたいのかもしれません。かわいい服を見てもらいたい、かわいい服を着た自分を見てもらいたい、外に出て、誰にでもいいから見てもらいたい。そんな願いがあるのかもしれません。

しかしながら、やせてもボディメイクができていなければ、異性からも同性からも、素敵だとほめられる体型にはなりません。また、やせても姿勢が悪いままでは、カッコよく、かわいく服を着こなすことはできません。

通りすがりの第三者からすると、とくに素敵な人にも見えず、「服はいいけれど、姿勢が悪くて残念だな」といった印象を与えてしまうだけ。私からすると、そこに気づいて欲しいのです。気づけるかどうかが大きな差を生むと思います。

そのためには、最終的に自分はどんなふうになりたいのか、その目的を見失わないことが肝心です。

褐色脂肪細胞を活性化させてやせました、カプサイシンでやせました――本書の読者であれば、そう答えるかもしれません。それはそれとして、私がいつも問いかけるのは、やせ方よりも「やせてどうなりたいのですか?」という一点です。

そこを突き詰めれば、どうやって体をつくっていけばいいのか、方針が決まってくるでしょう。

必要な筋肉を「後づけ」すると

たとえば、野球をやっている人なら、やはり野球に特徴的な体をしています。要するに、その人にとって必要な体つきに変わってくるわけです。どんなスポーツの選手でも、「いかにもだな」と思うような体をしています。

これは当然と言えば当然で、野球で結果を残すためには、必要な筋肉をつけなければなりません。ほかのスポーツでも同様です。

一方、その競技に見合った体づくりをすれば、その分だけ体に無理が生じるという側面もあります。

というのも、野球をやるために生まれてきた人はいません。表現としては「野球をやるために生まれてきたような選手」などと言ったりしますが、実際には、野球をやってみようという意識が芽生えて、野球の練習をするようになってから、時間をかけて、野球に合った体へと近づいていくわけです。

たとえば、チーターは生まれつき、速く走るための脚力を備えています。何もしなくても速く走れる。陸上選手のようにトレーニングを積み重ねる必要はありません。

昆虫の体だって同じこと。バッタは上に高く飛び跳ねるために、最初から脚が折れ曲がっています。カマキリも獲物を引き寄せるために、最初から前脚がカマのようになっています。いずれにせよ、生きていくために無理がない。理に適った体つきです。

ひるがえって、人間の場合はどうでしょうか。たとえば、野球やマラソンをやるために、必要な筋肉を「後づけ」していくので、バッティングに必要な筋肉、長距離を走るために必要な筋肉など、必然的に、特定の筋肉ばかりがモリモリ発達していきます。

言い方を換えれば、本来とは違うアンバランスな状態になるわけです。

こうしたアンバランスの度合いが大きくなればなるほど、どうしてもケガを招きやすくなります。

ですから、運動をしていない人には、無理のない程度に体を動かしてもらいたいのはもちろんですが、それだけではなく、スポーツ愛好家やアスリートなど、運動をしている人、しっかり体を鍛えている人も、自分自身の体を総点検して欲しいのです。

たとえば、一般の公道を走っている車ですら車検があります。人間の体は自動車よりも、はるかに複雑です。ですから、「運動を始めようかな」というタイミングで、どこのバランスが悪いのか、どこが鍛えられていないのかなどと、車検のように体を見直す必要があるのです。

マッサージは体のメンテナンスか

Ｆ１で走るような高性能のマシンは一般公道を走れません。そんなＦ１マシンであれば、普通乗用車のような車検とはレベルの違う、非常に厳しい目で点検をしているでしょう。Ｆ１マシンに限らず、たとえば、ジェット機などはフライトのたびに、直前まで徹底的に整備点検を重ねています。

人間だって同じでしょう。とりわけスポーツ愛好家やアスリートは、もっときちんとした点検が必要だと思います。しかしながら、大半の人は体の状態を十分にチェックしていないのが現状でしょう。

たとえば、野球が上達すればいいだろうと、野球に必要な筋肉だけ鍛える。だから、ケガをしやすいわけです。

また、鍛えているつもりで、じつは自分の体を痛めつけたり、むしばんでいる人がたくさんいます。これは、一般の人もそうですが、アスリートやプロのスポーツ選手にも言えることです。

プロ野球選手でもヒザやヒジなどを壊す人がよくいますが、こうしたケガも、鍛え方によっては防げていたケースが少なからずあると思います。

若い時分は、どうしても技術向上、パワーの向上ばかりで頭が一杯になりがちですが、自分の体のメンテナンスの重要性にどれだけ早く気づけるかが、その後のアスリート人生を大きく左右すると思います。

もちろん、パーソナルトレーナーといったプロの目を活用するのも一つの手。なかなか自分自身では気づくことが難しいところまで、しっかり総点検できます。

たとえどんなに性能のいい車であっても、自動車は人間の体より単純な構造です。人間の体のほうが、よっぽど複雑にできているのに、どうして、自分の体を点検しない人が、こんなに多いのでしょうか。私は常日頃から非常に疑問に思っています。

それでいて「私は体を鍛えています」などと胸を張る。それは、たとえて言えば、車検に出すことなく車を走らせ続けているようなものです。

「体のメンテナンスはしていますか」といろいろな人に質問してみると、たいていは「ときどきマッサージに行っています」といった類《たぐ》いの答えが返ってきます。

自動車にたとえれば、マッサージの施術を受けるのは、「シートカバーを替えました」「ハンドルカバーを替えました」といったレベルのケアです。それでは根本的な問題の発見や解決にはいたりません。

自動車の点検を怠《おこた》って、衝突して潰《つぶ》れてしまったら修理工場に出さなければなりません。人間の体の場合だったら病院行きです。

たとえば、運動中に複雑骨折や粉砕《ふんさい》骨折など、自分ではどうしようもないケガをしてしまえば、医者に診てもらうしかありません。でも、本当に取り返しのつかない事態が起こる前に、日常のなかで点検をしていれば、予防できる場合も多いわけです。

再び自動車にたとえれば、修理工場にまで出さなくても、ディーラーに預けて、ちょこちょこと点検をしてもらうといった発想です。

体が変われば心も変わる

さて、自分がパーソナルトレーナーとして、お客さんの体づくりに携わる場合、基本的にはバランスボールにふれてもらうことからスタートします。その後、私がサポートしながらバランスボールに乗ってもらうのですが、最初はみなさん怖々《こわごわ》と挑戦しています。

こうしたバランスボールに最初はまったく乗れなかった人でも、ボールに乗れるようになるだけで、精神的に自信がつくものです。そうすると面白いことに、ボールに乗ることに限らず、ほかのことまで、いろいろと「できること」が増えてきます。また、「何か始めたい」といった欲求が自然と生まれてくるのです。

たとえば、ボールに乗れるようになったら、新たに乗馬を習いはじめた人もいますし、アウトリガーカヌーをやっている人は、体の状態がよくなって、ハワイまで遠征してレースに参加するようになり、冬場はスノーボードを楽しむようになりました。

運動に限らず、日常生活においても、「何かやってみようかな」という気持ちが湧いてくるのです。要するに、行動の選択肢が増えてくる。その結果として、生活全般の幅が広がるように思います。

不思議な話のように感じるかもしれませんが、「私の体はここまで動くんだから、これもやれそうだな」という心理が働くのではないかと分析しています。

以前、雑誌取材で訪れた女性のライターさんによるインタビュー中に、いつの間にか雑談する形になって、彼女が「私は腰痛持ちで全然動けない」といった話をされたことがありました。

そして、私がいろいろと彼女の個人的な質問に答えているうちに、彼女は私のもとで体を動かしてみたいという欲求に駆《か》られたそうです。

もともと彼女は腰痛持ちだったので、最初の一年間ほどは怖さが払拭《ふっしょく》できず、それほど動けない状態が続きました。しかし、一年ほど経つと、次第に体の動きがよくなり、「マラソンをやりたい」と希望するようになりました。

「それでは、マラソンを目標に体のメンテナンスをしっかりやっていきましょう」という流れになり、走れる距離も、一キロが二キロ、二キロが三キロになり、今では一〇キロほどなら無理なく走れる域まで達しています。

すると、今度はテニスをやってみたいと思い立って、テニススクールにも入会。今は、「テニスで勝てる体」を目指して、筋力強化にも取り組んでいます。

この女性は現在四〇歳代半ばですが、出会った当初より、今のほうが体の動きは圧倒的によくなり、断然、見た目も若く見えます。正直、第一印象は気だるい様子でしたが、今はとてもアクティブな印象です。実際、仕事でもあちこち飛び回っているそうで、フットワークが軽くなっているようです。

そういう姿を見るにつけても、体が変われば心も変わるのだなと実感しています。

乗馬やテニスを始める人など、いろいろなケースを見てきましたが、みなさん、「動けない」などと言っていたのが嘘のよう。やはり、体も取り組み方次第で大きく変わるのだとつくづく思います。

何をするにも体が資本。ぜひ、体を変えることで自分の可能性を広げてみてください。とくに、本章で説明したトウガラシと褐色脂肪細胞を、健康とダイエットのために味方につけて——。

第二章　「トウガラシで燃やす」が新常識

カロリー計算は一切不要

私自身、三〇歳から四〇歳まで、一〇年間にわたって、自分の体を使って食事に関する「人体実験」をしてきました。

たとえば、新年を迎えて一月の一～一五日までは、思いっきり食べたいものを何でも食べる。油っこい食べ物も気にせず、何でも好きなだけ摂ってOKという条件です。そして、一月一六日以降年末までは、そういった食べ方をキッパリとやめる。そして、どんな食事の仕方をするとやせるのか、どんな食べ物を摂るとやせるのか、そんな試行錯誤を繰り返してきました。

そこで得た結果はいくつかあります。まず一つは、カロリー自体は問題なしということ。この考え方は、自らの人体実験によって確信にいたりました。

カロリーは、脂質、タンパク質、炭水化物の三つで計算されます。そして、ダイエットというと、カロリーを計算しましょう、食べる量を減らしましょうとよく言われます。でも、同じ総カロリーだとしても、脂質の一〇〇キロカロリー、タンパク質の一〇〇キロカロリー、炭水化物の一〇〇キロカロリー、それぞれ同じと考えるのはいかがなものでしょうか。

カロリーの中身も考えなくてはいけません。同じカロリーでも、その中身は全然違うからです。

栄養士の立場にある人は、「脂質も人間にとって不可欠なのでバランスよく摂ってください」と説きます。

とはいえ、肥満の人は、すでに余分な脂肪が体についているわけです。ですから、生命維持のために脂質をわざわざ積極的に補給する必要はないと考えていいでしょう。

極端な話、脂肪をできるだけ取り除くのが、健康的に贅肉を落とすための基本的な指針です。

たとえば、フライや天ぷらの衣《ころも》は人間が人工的につくり出したもの。人類の歴史をはるか昔まで遡《さかのぼ》れば、食事に火を使うとしても、焼く、煮るといった調理法だけであって、揚げ物を食べることはありませんでした。

その後、食文化としてさまざまなアレンジがなされるようになって、いろんな調理器具や調味料が生まれて、揚げるといった調理法や、ドレッシングで和《あ》えたりする食べ方も出てきたわけです。

「縄文時代の食事に戻せ」とまでは言いませんが、ほんの少しだけ原点に立ち返って、揚げ物の衣やドレッシングといった油分を取り除けば、それだけで、贅肉はグンと落ちやすくなります。

つまり、カロリーについて気にするよりも、自分が何を口にしているのかについて、セレクトする姿勢こそが大切なのです。

まず最初にやるべきは、油脂を減らすこと。カロリーカットと称して白飯の量を減らすことではありません。

たとえば、今まで野菜サラダにオイル入りのドレッシングをかけていた人であれば、ノンオイルドレッシングやポン酢、そのほかスパイスなどで代用する。オイリーな味つけの洋風パスタを食べていた人は、サッパリ和風味にしてみる——工夫の仕方はいろいろあるでしょう。

いずれにしても、ダイエットしたいからといって、空腹をガマンするような食事方法は望ましくありません。油脂にさえ気をつければ、タンパク質と炭水化物に関しては神経質にならなくてOKです。

食事は量より中身に気をつける

そして、私の実感は「量はさほど減らさなくて大丈夫」です。これが一〇年間の人体実験を通じて導き出した答え。ただ単純に量を減らすのではなく、「何を摂るか」という点が重要なのです。

要は、ダイエット食で肝心なのは量より質。では、「食事は量より質」とすると、「質」に関してはどうやって見定めていけばよいのでしょうか。

栄養に関しては、前述のとおり、カロリー計算は不要。そして、筋肉を残して脂肪だけ落とすにはどうしたらいいかを考えるのが基本です。

あくまでもダイエットをしたい人のための食事なので、「バランスよく脂質も摂らないとダメ」という通常モードの考え方は、ここでは当てはまりません。

普通どおり脂質を摂っていたのでは、自分の体内に蓄積されている脂肪は使われないままです。ですから、まずは脂質を大幅カットするのが大前提です。油脂のカットを踏まえたうえで、食事メニューを組み立てましょう。

端的に言えば、脂質、タンパク質、糖質、ビタミン、ミネラル、五大栄養素のうち脂質だけを除いて、そのほかはバランスよくしっかり摂るのが基本です。

あえてアンバランスにするのは肉の脂身と油分の量だけ。そこが、カロリー制限ダイエット、低インシュリンダイエット、糖質制限ダイエット、あるいは特定の食品に頼るダイエットなどとは違うところです。

基本的に、「何か特定のものばかり食べる」といった偏りの激しいダイエットはＮＧです。

たとえば、一時期爆発的に流行した「朝バナナダイエット」。これは、朝食をバナナに替えてやせましょうという発想で、食事の量が減るので、やせることはやせるでしょう。

しかしながら、栄養失調になって、やせるのは当たり前。体重を落とすのは簡単ですが、それでは健康的なダイエットとは言えません。

というのも、そんな栄養失調の状態になると、贅肉ではなく必要な筋肉が落ちてしまうからです。姿勢をきちんと維持できる筋肉を保ちながら、やせられるダイエットなのか否か——その見極めが非常に大切です。美しく健康な体づくりをすることこそがダイエット。それが私の持論です。

量は普通に満足できるように食べて問題ありません。甘いものも食べて大丈夫だとアドバイスしています。カロリー制限なし、空腹ガマンなし、というダイエットであれば、食事に関するストレスはかかりません。

ちなみに私の場合は、ボディビルをやっていた筋肉隆々の頃に比べると、さすがに食べる量は減っていますが、今でも人よりはタンパク質を意識的に多めに摂っています。

ただし、肉は鶏のささみが中心で、そのほか豚肉や牛肉はヒレやモモなど。極力、これらの脂身は口にしません。この点に関してはすべて妻におまかせで、調理の段階で落としてもらっています。メニューはいろいろ工夫してつくってもらっているので、そこは感謝しきりです。

食事のバランスについては、厚生労働省が出している栄養バランスガイドを基本として、妻がメニューを組み立ててくれています。彼女は看護師で栄養学も勉強してきた人なので、正直、栄養管理の点では頭が上がりません。

「食べても太らない」は実体験

近年は、糖質制限ダイエットといった、炭水化物をはじめ糖質を控えるダイエット法が一部で流行《はや》っていますが、私自身は一切、炭水化物の量は控えていません。

日本は米を主食とする文化ですが、白飯も決して太りやすい食べ物ではないと思います。太った理由として、「ご飯（白米）を食べすぎて太ってしまった」などと自己分析をする人もいますが、正直、私には理解ができません。

たとえば、少し前まで私は、丼物やラーメンは必ず大盛りを注文していました。白飯の場合も、おかずと一緒に三〜四合ぐらいは食べていたはずです。

そんな食生活を続けていましたが、それでも太ることはありませんでした。ですから、私自身の体で、「炭水化物を食べると太る」は当てはまらないと証明できていると考えています。

もっとも、食べる時間帯によって太りやすいケースはあるでしょう。たとえば、夕食を夜の九時以降に摂る、夜食を摂る習慣がある、あるいは、夜九時を過ぎていても大盛りを食べていて、何も運動をしていない――そういった生活を送っていれば、「ご飯（白米）じゃなくても、そんな食事スタイルでは太りますよ」と忠告したいです。

それに、主食のなかでは、お米は少しずつエネルギーに変わっていくため腹持ちがよく、その分だけ太りにくいのです。他方、パンは血糖値が一気に上がるので、時間が経つと間食をしたくなりやすい食品で、ダイエット向きとは言えません。

炭水化物が消化されて糖に変化する速さを相対的に表す数値として、ＧＩ値（グリセミック指数）と呼ばれる指標があります。事実、パンはお米よりＧＩ値が高いことからも、お腹が空きやすいことがわかります。

もっとも、一長一短があり、瞬間的にパワーを出したいときは、パンのほうが優れているとも言えるでしょう。逆に、パワーを長く持続させたいならば、ＧＩ値が低い分、お米のほうが適しているというわけです。

また、ＧＩ値が低めだからといって、「ご飯の大盛りを早食いする」ようなタイプだと太りやすくなります。

日本で古くから「食べるのは腹八分にしましょう」と伝えられてきたのは、それでも徐々に血糖値が上昇して、結果としては満腹になるからです。

さらに、古くからの知恵で「よく嚙《か》みましょう」と言われますが、これも時間をかけて咀《そ》嚼《しゃく》する食べ方を守れば、食べすぎる前に満腹感を得られて、太らずに済むからです。

いずれにしても、古くから言い伝えられている食べ方は、体の仕組みに則《そく》していると言えるでしょう。

「ご飯（白米）を食べると太ってしまうんです」と主張している人が、実際のところ、どんな食生活をしているのか――このあたりの裏を調べてみれば、何かしら別の理由が浮き彫りになるでしょう。

糖質を制限する危険性

数年前に話題になった低インシュリンダイエットも、糖質制限ダイエットと類似したダイエット法です。インシュリンとは血糖値を下げるホルモンのこと。インシュリンの分泌を下げる食事をしましょう、血糖値を上昇させない食べ方をしましょう、というのが基本的なルールです。

たとえば、前述のＧＩ値は血糖値の上昇の速さを示す指標なので、できるだけＧＩ値の低い食材を摂るほうが理想とされています。

しかしながら、食事云々《うんぬん》にかかわらず、体をあまり動かさないと、余ったエネルギー源は脂肪として体内に蓄積されるので、適度な運動は不可欠です。また、血糖値が上昇しすぎてしまう大きな要因の一つも運動不足なのです。

近年のように糖質制限食が推奨される時代の流れも、裏を返せば、社会全般が運動不足になっていることの現れです。糖質を制限するよりも、適度な運動をするほうが、私たちの本来あるべき姿に近いのではないでしょうか。

また、糖質制限ダイエットも低インシュリンダイエットも、糖質を厭《いと》う傾向がありますが、糖質が一番使われるのは脳なので、あまり不足してしまうと、脳の活性化を妨《さまた》げる要因になりかねません。

そして、運動をするときのエネルギー源としても糖質は大切な栄養素です。ですから、糖質カットよりも、運動習慣をプラスすることをおすすめします。

もっとも、食事制限だけでも運動だけでも不十分。栄養、運動、そして休養が三位一体《さんみいったい》の関係にあり、これらが揃うことで初めて、本来の健康的な体づくりが実現するのだと思います。

大学教授や医者の弱点

おそらく、低インシュリンダイエットや糖質制限ダイエットの考え方は、理論上の整合性はとれているのだろうと思います。

でも、こうした主張をしている研究者や栄養士といった立場の人が、どれだけ自分自身で実践しているでしょうか。ほんの一部の人を除き、大多数の人はきちんと実践していないでしょう。

実際のところ、机上《きじょう》の空論とまでは言えないとしても、理論どおりに上手くいくケースは、ごく限られるのではないでしょうか。少なくとも私からすると、人間の体に関して語るとき、頭でっかちな理論に頼る主張は弱いと思います。

いずれにせよ、もっともらしいことを言うだけなら簡単ですが、実践は難しいもの。つまり、「言うは易《やす》く行うは難《かた》し」です。だからこそ、栄養士やどこぞの大学の教授や医者たちも、ダイエットについて言及するならば、自ら実践したうえで発言して欲しいものだと常々思っています。

どれほど実践が難しいのか、完璧に近づくことが、どのくらい大変なことなのか。そこを理解するためには、自ら体験することが不可欠ではないでしょうか。いろいろなダイエットを提唱している諸先生方は、自分でやっていないのに、よく言及できるものだなと、不思議で仕方ありません。

実践なしで理屈だけで語る、そして、それを読者に押しつける——そんな言い方をすると言葉が悪いでしょうか。しかし、ダイエットを望んでいる人たちが、どれだけ大変な思いをしているのか、それを諸先生方が共有できているのだろうかと疑問に思うことがしばしばあります。

私は、実践の困難さを身をもって体感しています。そうすると、「ここまでやると無理があるな」などと感覚的にわかるので、「この時点でちょっと食事を少し戻しましょう」「これ以上、運動の段階を上げると、今の時点では体を壊すので、しばらくは、この運動メニューでやりましょう」などと判断できます。

逆に、人によっては、ある一定の適応能力が身について、体に耐性が出てきた場合は、「少し食事を変えてみましょう」「運動プログラムの強度を、もうちょっと上げていきましょう」といったアドバイスもできます。

どうすれば、より的確なアドバイスができるか——それは何と言っても実体験が物を言うと思います。身をもって経験を積み重ねているからこそ、臨機応変に現実に即した対応ができるのです。

一方、理論にのっとり、「一ヵ月目ではこれ、三ヵ月目ではこれ」と杓子定規《しゃくしじょうぎ》にやってしまうと、個人個人の状況に対応できません。そういったやり方は、ある意味傲慢《ごうまん》で、個人のさまざまな気持ちに応えようとしていません。あくまでも理論が絶対で、そこに乗れない人は「落ちこぼれ」扱いになってしまいます。

もともと食生活は千差万別《せんさばんべつ》で、「そこはガマンできるけれど、ここはガマンできない」といった個人差が必ずあります。

では、食習慣改善として何からスタートしたらいいのかと言えば、前述のとおり、調味料や調理法を変えたり、揚げ物の衣を取り除くなど、ちょっとしたことから入るようアドバイスしています。

五ヵ月で二〇キロ超の減量に成功

私自身の場合、中高生の頃までは何を食べても太ったことはなく、ダイエット経験はありませんでした。しかし、大学に上がってからみるみるうちに太ってきました。おそらく、一番の原因は頻繁《ひんぱん》に食べていた大好物のラーメンでしょう。というのも、ラーメンはスープまで飲み干すと、かなりの脂質摂取量になるからです。

当時は、大学野球に励《はげ》んでいたので、運動量は多いものの常時オーバーカロリーで、いわゆる固太りが加速してしまいました。大学に入ってから一気に体重が九〇キロくらいまで増加……思い返せば、一日中食べていたような気がします。

そんなときに、ふとひらめいたのがトウガラシ——。

もともと辛いものが大好きだったこともありますが、当時は「体重を落とすためには、たくさん汗をかけばいいんだろう」というシンプルな発想から、コショウと七味トウガラシをドバドバと投入して食べるようにしてみたのです。

ずいぶんと後になって知ることですが、第一章で述べたとおり、斉藤昌之先生の研究によると、トウガラシに含まれるカプサイシンという辛み成分には、代謝をアップさせる働きがあり、やせやすくなるのです。

自分は経験則から、トウガラシにはそうした作用があるのではないかと思っていましたが、科学的にも説明がつくということで、あらためて腑に落ちました。

私は身長は一七五センチで、当時は九〇キロ程度の体重でしたが、トウガラシを積極的に摂ることで、相当な高カロリー・高脂質の食事をしていても、太らなくなったという手応えがありました。

そうして大学卒業後、都内のフィットネスクラブに就職してからも、九〇キロ前後の体重で過ごしていました。すると、入社二〜三年くらいの頃だったでしょうか、当時の副社長から、こんな意味合いの言葉をかけられたのです。

「暑苦しいから、いい加減、そのプロレスラーみたいな体型をどうにかしろ」

――たしかに、当時は腕もパンパンで、ボンレスハムのような体でした。そして、こうした言葉を受けて初めて、「じゃあ、どうせ体重を落とすのなら、脂肪だけをそぎ落としてみよう」と「なりたい自分」を思い定めたのです。それが、私の肉体改造のスタートでした。

その後、ボディビルのコンテストに出ようと思い立ち、体を絞りはじめました。

結果としては、トウガラシを積極的に摂りながら、六九キロくらいまで体重を落とすことができました。一ヵ月に四キロくらいのペースで、五ヵ月で二〇キロ以上の減量に成功したと記憶しています。

筋力は落とさずに二〇キロほど体重を落としたので、肩回りに関しては、大きなサイズの変化はなかった一方、とくにウエストがキュッと締まりました。つまり、固太りタイプだったとはいえ、やはり、ウエスト回りには、それなりの脂肪がついていたということです。

もう少し具体的に言うと、腹直筋《ふくちょくきん》や腹斜筋《ふくしゃきん》が脂肪で覆われていました。たとえば、プロレスラーや相撲《すもう》取りであれば、体に受ける衝撃を吸収するために、ある程度の脂肪が必要です。ですから、彼らは意識的に脂肪をつけているのです。要するに、肉体改造前の私はレスラー体型だったということ。副社長の言葉どおりだったわけです。

ちなみに、体脂肪率の変化としては、およそ二〇パーセントから五パーセントまで落ちました。

トウガラシで脂肪燃焼をアップ

さて、先に記したように、食事量はキープしながら、脂質を減らすのが基本ですが、さらに「よりやせやすい体」をつくるには、トウガラシなどに含まれる辛み成分・カプサイシンを積極的に摂るようにすれば理想的です。

では、どうしてカプサイシンがダイエットに役立つのでしょうか。その理由は大きく三つ挙げられます。

一つは、第一章で述べたとおり、カプサイシンが交感神経を刺激して、ノルアドレナリンの分泌《ぶんぴつ》を促して、褐色脂肪細胞を活性化できること。また、白色脂肪細胞も褐色化する（ベージュ色になる）ので、よりやせやすい状態をつくり出せます。

そしてもう一つは、カプサイシンによって交感神経が刺激されると、副腎髄質《ふくじんずいしつ》からアドレナリンというホルモンが分泌されること。アドレナリンの分泌は、リパーゼと呼ばれる脂肪分解酵素を活性化し、脂肪燃焼を促してくれるのです。

さらにもう一つ、カプサイシンが体内の熱産生をアップさせること。カプサイシンには、末梢《まっしょう》血管の血流を改善して体を温める働きがあるので、基礎代謝が上がり、やせやすくなります。

トウガラシ入りの辛いメニューを食べているうちに、体がポカポカしてきたといった体験は、多くの人が経験済みでしょう。こうした体の変化は、まさにカプサイシンによるものなのです。

また近年は、冷え性の人や低体温の人が増えていますが、体が冷えれば冷えるほど、血流が悪くなったり、基礎代謝が落ちたりするほか、免疫機能が低下すると言われています。加えて、基礎代謝が低いほど、太りやすくやせにくい体質になってしまうのです。こうした体質を変えるためにも、カプサイシンは大いに役立ちます。

ちなみに、カプサイシンは経口摂取以外に皮膚からも吸収されます。こうした性質を利用して、温熱効果や発汗効果のある入浴剤には、しばしばカプサイシンが配合されているのです。

カプサイシンの健康効果の数々

また、ダイエット以外にも、カプサイシンにはさまざまな健康効果が期待できます。ここではおもな六つについて紹介しましょう。

①血流の改善

②疲労回復
③コレステロール値の低減
④動脈硬化の予防
⑤高血圧の予防
⑥便秘の解消

先に述べたとおり、カプサイシンには、エネルギーの代謝を上げて体を温める働きがあるので、その結果として全身の血流もよくなります。

血液は、体中の細胞に酸素や栄養素を届ける一方、細胞内の老廃物を排泄するといった役割を担っています。つまり、カプサイシンの摂取で血流がよくなれば、こうした新陳代謝がスムーズに行われるようになり、健康の底上げを期待できるというわけです。

しっかり新陳代謝が行われることで、疲れやすい、だるいといった症状を解消できますし、若々しさを保つためにも、美容のためにも新陳代謝は重要です。

またカプサイシンは、いわゆる悪玉コレステロールと称されるＬＤＬコレステロールを下げる、血管壁に沈着したコレステロールを減らす、といった研究報告があります。こうした作用があるとすれば、動脈硬化や高血圧の予防、ひいては心臓病などの予防にもつながるでしょう。

血流がよいことと並び、丈夫で若々しい血管を保つこと、正常な血圧を保つことも健康の基本中の基本であり、アンチエイジングにも直結します。

そのほか、カプサイシンには、腸のぜん動運動を促す整腸作用があるので、便秘がちな人にもおすすめです。

なお、イギリスのオックスフォード大学、アメリカのハーバード大学、そして中国医学科学院の研究者が共同で研究し、辛い食べものが、がん、心臓病、あるいは呼吸器疾患による死亡のリスクを下げるという事実を発表しました（医学誌『ブリティッシュ・メディカル・ジャーナル』）。

この調査は、三〇～七九歳の中国人四八万七〇〇〇人を対象に、七年間にわたり行われました。すると、一～二日に一度辛い食べものを摂取する人は、週に一度未満の人に比べ、死亡率が一四％も低かったのです。辛い食べものに含まれるカプサイシンに、肥満、老化、がん、あるいは炎症を抑える効果があるためと見られています。

韓国人に肥満が少ない理由

さて、都市伝説的な話ではありますが、「韓国には肥満児が少ない」という説があります。その理由は、「子供の頃からキムチを食べているから」――。

ことの真偽《しんぎ》はわかりませんが、トウガラシに含まれるカプサイシンのパワーが実証されたとなると、あながち嘘とは言い切れないかもしれません。

また、二〇〇九年に発表された肥満率調査の数字ですが、OECD（経済協力開発機構）加盟国のうち、一番スリムな体型なのが韓国、二番が日本という結果がありました。そうした数字から推測すると、実証は難しいにせよ、キムチも含めて、カプサイシンのパワーが関与している可能性は否定できないでしょう。

もっとも、トウガラシをふりかけて辛くしただけで、必ずやせるとは思いません。辛いものを摂ると熱量は上がりますが、脂質を摂りすぎていれば、思うような効果は期待できないでしょう。

たとえば、とんこつラーメンなど、脂肪分がたっぷり浮いているようなスープは、すごくおいしそうに見えます。では、トウガラシをかければ、飲み干しても大丈夫なのでしょうか。答えはノーです。それではなかなか体重は落とせません。

私は大学生の頃、大好きなラーメンを大盛で毎日食べていました。こんな食べ方をしていても太りにくかったのは、運動量の多さとともに、トウガラシのカプサイシンのパワーのおかげです。とはいえ、それでは減量までは望めません。

　要するに、脂質を控えたメニューにして、そこにダイエットの起爆剤としてトウガラシをかけるなどカプサイシンをプラスする、するとその分だけ脂肪燃焼が増えるので効率的にやせられるという仕組みです。

こんな調味料にもカプサイシンが

　たしかに、韓国料理は、たくさんのトウガラシを使いますが、そのほかの国々でもトウガラシはとてもポピュラーなスパイスです。

　日本でも、一味トウガラシや七味トウガラシを食卓に置いている家庭が多いのではないでしょうか。

　たとえば、そば、うどん、味噌汁、鍋など、汁物全般に、一味トウガラシや七味トウガラシをパラパラとふりかけるのもいいでしょう。また、焼き鳥など肉類にも、味つけのアクセントとしてトウガラシはよく合います。そのほかにも、薬味としてさまざまな料理に活用するといいでしょう。

　ところでカプサイシンは、水に溶けにくい性質がある一方、油、アルコール、酢には溶けやすい性質があります。こうした、カプサイシンの特性を生かした辛みを引き立てる調味料も、広く出回っています。

たとえばラー油。中国料理ではおなじみの調味料ですが、このラー油にはトウガラシの辛み成分が抽出《ちゅうしゅつ》されています。普通のゴマ油よりも赤っぽい色をしているのは、トウガラシの成分が溶け出しているからです。

また、沖縄ではよく知られた「コーレーグス」と呼ばれる調味料は、島トウガラシを泡盛《あわもり》に漬け込んだもの。これは沖縄そばの薬味として重宝《ちょうほう》されている卓上調味料で、そのほかにも、さまざまな沖縄料理の隠し味として使われています。

さらに、一般には「タバスコ」として知られるペッパー・ソースも、トウガラシ、酢、岩塩などを原材料に熟成してつくられた調味料。独特の風味と辛さで、パスタやピザなど、いろいろな料理によく合います。

そのほか、中国料理でしばしば用いられる豆板醬《トウバンジャン》も、空豆《そらまめ》やトウガラシなどを原材料にした発酵調味料です。日本でも人気の、麻婆豆腐《マーボードウフ》、担々麺、回鍋肉《ホイコーロー》といったメニューにも、豆板醬が味の決め手として使われています。

トウガラシそのものを料理で使うだけでなく、こうしたカプサイシンが入った調味料を適宜利用するのもいいでしょう。

また、家にあるオリーブオイルや酢にトウガラシを漬け込むだけでもカプサイシンが溶け出して、トウガラシならではの辛みや風味がつき、料理をおいしくしてくれます。こうした自家製調味料も、パスタやピクルスなど、さまざまな料理に応用可能です。

私は辛いものが大好きなので、そば、味噌汁、納豆など、今でもたいていのメニューに七味トウガラシをかけているほどです。たとえば、大好物で毎日食べている納豆の場合、付属のタレと醬油をちょっと垂らして、そこにネギと辛子、さらに七味トウガラシをバーッとかけて食べています。

ですから、カプサイシンは毎食摂っていると言っても過言ではありません。もっとも、それは私がもともとトウガラシの辛さが好みで、体質的にも子供の頃から辛さにつよいから。もちろん、無理にそこまでかける必要はありません。

あるいは、市販のカプサイシンのサプリメントを利用するのもいいでしょう。まったく辛みがないので、とくに辛みが苦手な人にはおすすめです。

ちなみに、私は、トウガラシから抽出した成分でつくられたサプリメント「カプシエイトナチュラ」（味の素）を摂取しながら体を動かして、ボディメイクができるかどうか、実践モデルとして協力しました。

そのときに、体操を考案して欲しいと依頼を受けてつくったのが、第四章で紹介する「トウガラシ体操」——これは、トウガラシの持つカプサイシンのパワーを最大限に活《い》かせるように、褐色脂肪細胞に刺激を与えながら、同時に体をシェイプアップさせる体操です。

このときは二ヵ月にわたって「トウガラシ体操」を実践して、八二キロから七〇キロまで体重を落としました。

枝豆の体内解毒力でやせ体質に

また、カプサイシンのほかに、ダイエットに役立つ成分としておすすめしたいのが、枝豆などに含まれるサポニンです。これは脂肪の吸収を抑えて、分解を促すというすぐれものです。

ちなみに、以前テレビの企画で、お笑いグループ「安田大《やすだだい》サーカス」のリーダー、団長《だんちょう》安田《やすだ》さんに、三〇日間のダイエットを指導したことがあります。

このときは、運動としてはボディビルのポージングを伝授して、食事面では枝豆を積極的に食べるようにしてもらいました。

彼の場合、体格は身長一六三センチ、体重六五・二キロ、体脂肪一七・六パーセント、バストが八九センチ、ウエストが八五・一センチありましたが、体重は九・三キロのダウン、ウエストも一三センチ減という結果を得られました。

また、サポニンはむくみをとる働きを期待できる成分です。たとえば、私は前にも述べたとおりボディビルをやっていましたが、すると通常の水分摂取でも、むくみが目立ちやすくなるのです。

コンテスト前が減量期にあたるのですが、当日が近づくにつれて、いわゆる「水抜き」「塩抜き」をします。具体的には、むくみやすい食材を摂らないようにすることが大事なポイントです。

なぜ筋肉が多いとむくみやすくなるのか、一般の人は不思議に思われるかもしれません。筋肉が多く脂肪が少ないということは、筋肉に脂肪組織がかぶさっていない状態。そうすると、少量の水でも筋肉が水を含みやすくなるのです。イメージとしては、筋肉がスポンジのように水を吸い込む感じです。

ある程度は水分を含んだほうが、筋肉に張りが出ていいのですが、筋肉は脂肪よりも水分を吸収しやすく、水分が一定量を超えると飽和状態になって、むくんだように見えてしまいます。

脂肪が多い人であれば、筋肉の水分が飽和状態でも目立ちにくいのですが、ボディビルダーのように脂肪を取り除いて筋肉だけ残っている状態だと、水分や糖質を摂取すると、より一層むくんでいるように見えてしまうのです。

もっとも、筋肉が水分をたくさん吸い込んでいても、健康的には、とくに悪い影響を及ぼすわけではありません。しかしながら、ボディビルダーとしての体を魅《み》せるうえでは、マイナスになってしまうのです。

ところが、大豆のようにサポニンを多く含む食材を摂取しながら体重を落としていくと、体のむくみを回避できます。とくに、先に挙げた枝豆は日本人にとってなじみの深い、人気のつまみメニューですから、おいしくしっかり食べてやせるためには適しているのではないでしょうか。

むくみを取り除くということは、水分を体外に排出するということ。結果としては、水分を通じて老廃物をしっかり出せるので、美容健康にとってもプラスに働きます。

そのほか、大豆に関しては、大豆に豊富に含まれるアミノ酸が筋肉の材料としても役立ちます。

私自身はもともと太りやすい体質だと自覚しているので、カプサイシンといった辛み成分や、枝豆などに含まれるサポニンと呼ばれる成分を積極的に摂るなど、脂肪燃焼を促すような食事を、今もなお心がけています。

繰り返しになりますが、ダイエットをしたい人に向けての食事に関するアドバイスはシンプルです。

「食事量を減らす」という発想は捨てて、揚げ物の衣やオイリーなドレッシングなど脂質を減らすことにだけ気をつける、そして、カプサイシンやサポニンを摂るといった工夫をして脂肪燃焼を促し、代謝を上げていく――これが私の基本的な考えです。

一日三食きちんと食べることでこそ、理想的な体がつくれるのです。

「太らない食べ方」をすればOK

残念ながら、日本のダイエット健康法では、「食べない」方向性に走るメソッドが横行しているのが実情です。長年、そうした風潮を感じてきました。とくに、突発的に流行するダイエットには、その類いが多いように思います。

一方、私は「いかにして食べるか」という発想で、常にダイエットにおける食事を考えてきました。

二〇〇七年、岡田斗司夫《おかだとしお》氏の提唱したレコーディング・ダイエットが流行りました。レコーディング、つまり、自分が何を摂っているかを書き留めることで、食習慣の問題を洗い出すダイエットです。

私がやってきたことも、実態としてはこれに近いのですが、私の場合は、面倒なので記録をつけることはしていません。本当に几帳面《きちょうめん》でストイックな性格の人なら続けられるかもしれませんが、レコーディングを継続することは、なかなかハードルが高いと思います。

私のジムでも、レコーディング・ダイエットが流行ったときに、ノートを持ってきて記録をつけている人をちらほら見かけましたが、みなさん、半年も続かなかったようです。

ただし、「太らない努力をする」点ではレコーディング・ダイエットと共通項があります。たとえば、「これを摂ったら太るな」という食べ方を省いていく発想は、レコーディング・ダイエットの提唱者と同じです。

具体的には、先述のとおり、揚げ物の衣はよけて食べる、調理油は使わないといった工夫です。ちなみに、わが家ではサラダ油を置いていません。

煮物など、油を使わない調理法のほうが理想的ですが、一般の人は、天ぷらや唐揚げといった揚げ物を食べたいと思う日もあるでしょう。そんなときは、半分くらい衣をはがして、半分くらいは衣を残す。そして、「揚げ物っぽい」味わいを楽しんで、欲望を満たしましょう、とおすすめしています。

要するに、揚げ物が好きな人に対して、いきなり「食べるのをやめましょう」という方法ではきついので、「半分くらい海老天の衣をはがしてみてはどうですか」といったアドバイスをして、実践してもらうように促しているのです。

幕末に活躍した西郷隆盛《さいごうたかもり》はドイツ人の医師に肥満体だと診断されて、「炭水化物を控えるように」とアドバイスされて実践していたと言われています。

あるいは、近年の糖質制限ダイエットでも、「炭水化物は太りやすいけれど、タンパク質を食べている分には太らない」という理解が根底にあると思います。

でも、油を引いてヒレ肉を焼いて、おいしいタレをつけて食べ続けていたら、やはり太ると思います。

「肉だけ食べてやせる」という場合、しっかり脂身を取り除いて赤身だけ食べる、油を引かずにテフロン加工のフライパンで焼く、タレではなく塩コショウで味つけする、といった条件つきだと思います。そうした前提を守ったとすれば、ご飯ばかり食べるのに比べ、しっかりタンパク質を摂取することになり、確実にやせるでしょう。

しかしながら、多くの人は脂身も含めて肉を食べています。また、油を引いて肉を焼き、おいしいタレをつけながら食べるので、結果として太ってしまうのです。

肉＝タンパク質ではありません。かなり意識的に避けない限り、脂質が一緒にくっついてくるので、それが問題なのです。とはいえ、脂身は肉をおいしく感じる大きな要素なので、なかなか悩ましいところです。

また、同じ食事内容でも、食事の時間帯によって、太りにくい太りやすいといった差異が生じるので、食べ方の見直しも大切です。

「サーカディアンリズム」という言葉をご存じでしょうか。「概日《がいじつ》リズム」などと訳されますが、およそ二四時間を周期とする生理的なリズムのことを表しています。こうした体のサイクルを踏まえて食事を摂ることも大切です。

もう少し具体的に人間のバイオリズムを説明すると、夜の九時以降は体が睡眠モードに入って代謝が大幅に低下します。ですから、こうした時間帯に食事をしてしまうと、脂肪として蓄積されやすいのです。遅い時間にたくさん食べるといった食生活を送っている人は注意しましょう。

そして、トウガラシに含まれるカプサイシンを味方につけて、健康で見栄《みば》えのいい体づくりを実践しましょう。

第三章　「ねじってやせる」で若返り

「ハードルは低く」でスタート

ダイエット健康法は何となくスタートして、そのまま生活にすんなりと溶け込ませていくのが理想です。「ダイエットを始めなきゃ」と意気込むのは挫折《ざせつ》のもとです。

なぜでしょうか――それは、「始めよう」といった言葉には、意識的にせよ無意識的にせよ、「終わりがある」との前提が見え隠れしているからです。

私の経験上、そうしたメンタリティの人は、リバウンドを繰り返しやすい傾向がありま す。なかなか思うように体を変えられないタイプも同様です。要するに、ダイエットが一つのイベントになっているわけです。

その時々の流行によって、やれ朝バナナだ、カーヴィーダンスだなどと、ブームに乗っかり、その波が去る頃にはやめてしまって、「じゃあ今度は何をしようかな」と新たなターゲットを探し出す……そんな一過性のダイエットに走る人も少なくありません。

そうした行き当たりばったりの対応をしていると、理想の体に近づくというよりも、「ブームに応じた体」ができあがるだけ……決して、ほめられたものではありません。

意外に思われるかもしれませんが、「ダイエットをやってみようかなァ」という軽い意識でいたほうが、よっぽど長続きするので、よい結果が現れます。

たとえば「貯金をしよう」と思い立ったとき、多額のお金を一気に貯金にまわそうと考える人はいないでしょう。少なくとも、日々の生活に支障をきたすほどの大枚を貯金するなどという発想はあり得ません。

現実的には、もっと気軽な気持ちで、一〇〇円、五〇〇円貯金を「やってみようかなァ」といったスタンスでいるほうが、ちりも積もれば山となるということわざのとおり、お金も貯まります。

もっと気楽に、気張らず、適当にの精神でスタートするほうが、かえって成果を得られやすいと思います。

前章で食事について同じような話をしましたが、おかずの数は減らさずに、「調味料の量だけ全体的に減らしてみよう」「揚げ物の衣と肉の脂身を少し除いてみよう」などと、ちょっとした工夫をプラスするだけでいいのです。

いかに「ちょっとした工夫」が思いつけるか、その差こそが大きな違いを生み出すのです。決して、一気にガラリと変えようと考えてはいけません。

運動についても同様です。いきなり腹筋運動や背筋運動をしようとするのではなく、朝起きたら、グッと背伸びをしてみたり、両ヒジを体の前に引き寄せてみたり、日常生活のなかで、普段はあまりやらない動きを少し取り入れてみる……そんな簡単なことでもＯＫです。

こうした「ちょっとしたこと」を続けて、そのうち、体を動かす時間がつくれる人はつくってみる、そんな流れがいいでしょう。

日頃から運動する習慣がない人は、三日続けられればいいほうで、よくて一週間といったレベルが大半でしょう。ましてや、寒かったり暑かったり、雨風など天候が悪かったりすると、「今日はやめよう」とあきらめがちです。そして、普段から運動をしていないような人は、こうしたちょっとした水を差す出来事が、運動習慣をやめてしまうきっかけになります。

経験上、「いきなり」はよくありません。私が監修した任天堂のＷｉｉフィットのような器具（詳しくは第五章で後述）を利用して、遊び感覚で体を動かすのも一つの方法ですが、むしろ「こんな運動でいいのかな」というレベルからスタートすることをおすすめします。ハードルを高く設けて、大変なことをやり遂げようという発想は捨てること——これは常に口を酸っぱくして言っています。ハードルは低ければ低いほどいいのです。

運動習慣は「一回」からでＯＫ

また、私に言わせれば、書店に並んでいるダイエット本のほとんどは、「食事を減らそう」という発想に偏りすぎていて、運動に関する視点が不足していると思います。

運動について、多少は言及している場合でも、その項目を見てみると、「ウォーキングしましょう」「腹筋運動や背筋運動をやりましょう」というレベルの話しか書かれていない場合がほとんどです。

さらにつけ加えるならば、ダイエット本に書かれているような筋トレを行うのが不適切な人も少なくありません。たとえば、日頃から運動をしていない人にとって、腹筋や背筋を鍛え続けるのは「激務」です。かえって体を壊す恐れがあるので、わざわざそこから入る必要性はありません。

たとえば、長らく運動経験のない人が、「ダイエットを始めようかな」「ジムに入会しようかな」などと迷っているとしましょう。こうした人に対して、「腹筋運動を三〇回やりましょう」といったノルマを課すのは、学校体育に置き換えると、小学校低学年の子供に高学年向きの運動を、いきなりやらせるようなものです。

そうではなく、ごく簡単な動きを一回だけやってみる。簡単なポーズをつくってみたり、誰でもできるような動きを実際に試してみる。「一回だけ」から始めて、ごくごく簡単な運動を積み重ねていく。そうやってコツコツと続けることが体づくりの基本であり、将来に向けての「健康貯金」になるのです。

メディアの取材を受けると、「この動きは何回、何セットすればいいんですか」と必ず聞かれます。そのたびに「一回でもいいんです」、そんなふうに私は答えています。「何回でもかまいません。たとえ一回でもいいから、この動きをやってください」と最初は話をするのですが、そうすると「記事にならないから回数とセット数を決めてください」などと頼まれます。それで結果として、一応「一〇回、三セット」などと設定しているのが実情です。

私は、たくさんの人を間近に見てきて、体づくりのサポートをしてきました。そんな自分の経験からすると、運動習慣のない人は一〇回、三〇回なんてやれません。でも、これが「一回でもいい」という話であれば、「一回ならやってみようかな」という気にもなるでしょう。

とにかく一回。そして「こういう動きなんだ」と気づいて欲しいのです。一回やってみて、「ああ、なるほど」と思ったら、「もう一回やってみよう」「もうちょっとやってみよう」といった気持ちになるものです。

やるとやらないの差、ゼロと一回の差はとてつもなく大きいのです。ゼロから一回への飛躍が本人にとって大きな一歩となります。「一回」をできる人なら三回、五回……とできるようになる可能性は大きいのです。

運動のブランクは取り戻せるのか

第一章で述べたとおり、私のお客さんの場合、最初はバランスボールにふれてもらうことからスタートしています。二〇歳代の人でも六〇歳代の人でも、年代を問わず同じやり方です。年齢が上の人でも、運動経験がない人でも、ほとんどの人は次第にボールに慣れて、バランスボールの上に手放しで乗っかれるようになります。

こうした動きがどのくらいできるかを見ることが、その人の運動能力を知る一つの目安になりますし、本人にとっても姿勢改善や脚の強化の目安になります。

また、運動経験が少ない人、運動ブランクがある人に体を動かしてもらう場合、もう一つ大事なポイントがあります。それは「自分にもできるんだ」と自信をつけること。まずやってみて、最初は上手くできなくても少しずつできるようになり、自分自身で上達が感じられると「もっとやってみよう」という意欲が湧いてきます。

筋肉自体は九〇日サイクルで置き換わるので、しっかり体つきの変化が現れるまでは三ヵ月ほど時間を要します。一方、神経系はもっと早く変容が現れます。運動神経に関しては、目に見える肉体改造より先に「ビフォーアフター」の違いを感じやすいのです。

一例を挙げると、「子供の頃は自転車に乗っていたけれど、自動車を運転するようになって、一〇年くらい自転車に乗っていない」期間があったとします。しかし、かつて自転車を乗りこなしていた人であれば、そんなブランクがあっても、すぐに乗れるようになります。たとえ、最初は少しふらついたとしても、難なく乗りこなせるようになるのは、熟練した運動に関しては、しっかり記憶が残っているからです。そして、同じ神経を再び使うことによって、鈍っていた脳～神経～筋肉への伝達効率が回復して、しばらくすれば勘を取り戻すのです。

一方、まったく自転車に乗ったことのない人の場合、そんなふうに上手くはいきません。もともと自転車の乗り方に関する記憶もなければ、脳～神経～筋肉の伝達経路も発達していないので、乗れるようになるまでには時間を要します。

大まかに言えば、一週間ぐらい練習を続けると、感覚をつかめます。自転車に限らず、一週間、二週間と練習をしていると、筋肉だけでなく神経もまた発達するのです。

要するに、乗ったことがないことと、乗らなくなったこと、この両者は大きく異なるのです。時間が経っても脳に記憶が留められていて、かろうじて神経回路のつながりが残っているので、最初からつながっていない場合とは、進歩のスピードが違います。

大人になってスポーツをやらなくなっても、子供の頃に経験のあるスポーツであれば、やっているうちに感覚が戻ってくるのは、そうした神経伝達の回復が起こるから。ただし、神経のほうは若い頃の感覚を取り戻しても、筋肉のほうが追いつかないので、筋肉痛になってしまうことがしばしばあります。

みなさんは筋肉痛になると「年齢のせいで……」などと言いますが、正確には、その筋肉に対する刺激がなかったことが原因。そのため、久しぶりに体を動かすと筋肉痛になるのであって、年齢という理由が先にあるわけではありません。

「超回復」でラクやせを実現

生理学やトレーニングの世界でよく知られている基本ルールの一つに、「ルーの法則」があります。これは、「筋肉は適度に使えば発達し、使わなければ萎縮《いしゅく》し、過度に使えば障害が出る」というものです。

ですから、個々人の筋肉の状態に応じて「適度」に動かすことが肝要です。

一方、筋トレはハードであればあるほど、筋繊維が傷つく。筋肉が損傷するほどでなければ適度な運動の範囲内ですが、筋肉痛になるようなハードトレーニングをする場合は、二～三日は筋肉を休ませたほうが、効率的に筋肉をつけて、体型を変えることができます。

というのも、筋トレ後のおよそ四八～七二時間は、筋肉の修復タイムだからです。ですから、この時間帯は筋肉の休息にあてることが大切で、体内で修復作業がきちんと行われると、以前より少し筋肉の出力レベルが上がります。

こうしたレベルアップのことを「超回復《ちょうかいふく》」と呼びますが、この超回復のシステムを上手く運動サイクルに組み込むことをおすすめします。

真面目な性格の人ほど、毎日一生懸命に鍛えようと考えがちですが、体を変えたいのであればこそ、二～三日空ける程度がちょうどいいと思います。

ハードに毎日鍛えようとすると、その頑張りとは裏腹に、十分に筋肉の修復ができず、かえって筋肉が萎縮してしまうことさえあります。

先に述べたとおり、超回復のシステムを踏まえれば、筋肉をつけるには、筋トレ＝運動だけではなく、休息も非常に大切なことがわかります。そして、筋肉の修復、強化には筋肉の材料となるタンパク質も不可欠なので、適切な栄養補給もまた不可欠。つまり、運動、食事、休息が三位一体となって初めて、体づくりがスムーズに行われるのです。

そのほか、より効率的にトレーニングをするためには、同じメニューばかりせずに、変化をつけることも有効です。これは「筋幻惑法《きんげんわくほう》」と呼ばれるテクニック。いかに筋肉をだまして刺激に慣れさせないか、という点を踏まえた工夫です。

いつも決まった刺激ばかりを続けていると、脳と筋肉が飽きてしまい、効果が現れにくくなります。これは筋トレに限った話ではありません。この章の冒頭で、日常生活においても「普段あまりやらない動き」をちょこちょこやるように心がけましょうと述べましたが、それも、こうしたランダムさが筋肉にとっていい刺激になるからです。

運動習慣がある人はもちろんのこと、とくにこれといった運動習慣がない人も、この筋肉づくりのコツを頭に入れておくことをおすすめします。

積極的な休養と消極的な休養

ところで、私が考える休養には、積極的な休養と消極的な休養の二つがあります。

消極的な休養とは、睡眠をとること。一方、ヨガやストレッチをして体をほぐしたり、あるいはアロマを焚《た》く、音楽を聴くといったリラックスタイムを積極的な休養と考えています。私からすると、ヨガやストレッチは運動と呼ぶより、積極的な休養に近いという認識です。

たとえば、体を揉《も》んだり、マッサージやストレッチをしたり、体に適度な刺激を与えたほうが、筋肉が張る、体がだるい、体が重く感じるといった疲労が消えやすいことがわかっています。

体が興奮している状態なのに、「じゃあ、体を休めよう」と、いきなり睡眠をとろうとしても、翌日に体の疲れを持ち越しやすいのです。

昔の自動車は、いきなりエンジンをかけて発進することはＮＧでした。オートバイも車種によりますが、基本的には最初にエンジンを温めます。

走行前に暖気《だんき》をして、それから発進。降りるときも同様で、いきなりエンジンをストップするのではなく、アクセルを踏まずに減速して、ゆっくりと停止させます。運転をする人にはよく知られた知識ですが、その理由はエンジンに余計な負担をかけないためです。

人間の体も一緒です。たとえば、体が疲れて筋肉の凝《こ》りや張りがあるときに、すぐに寝ようとするよりも、マッサージをしたり、凝りをほぐしてクールダウンしてから就寝したほうが、しっかり疲れをとることができます。

睡眠（＝消極的な休養）をとる前に、積極的な休養をプラスすることで、たんなる足し算以上の相乗効果が得られます。

一例を挙げると、「就寝中に脚がつりやすい」という悩みをしばしば耳にしますが、そういう人は寝る前にストレッチをしてから眠ると、つりにくくなります。

たとえて言えば、ストレッチで筋肉を伸ばすことで、筋肉が「ああ、もう今日は休憩していいんだな」と理解するわけです。そこで初めて、筋肉がオフ状態になる。それから寝ると脚がつりにくいわけです。

一方、ストレッチというスイッチオフのサインがないと、脚の筋肉はオンのまま。「まだ動くぞ」と覚醒《かくせい》している状態です。自分が寝たいと思っても筋肉が起きているわけですから、ともすると、脚はピクピク動こうとするわけです。

こうした事例からもわかるように、積極的な休養は、体の疲れをしっかり解消できるという意義があります。ですから、ただ眠るだけではなく、ヨガやストレッチなど、体を動かしたりしながら体を休めるといった考え方も必要です。

「体が変わる人」の呼吸法とは

さて、同じ運動プログラムをこなしていても、体が変わる人もいれば、変わりにくい人もいます。こうした違いが生じる理由の一つが呼吸法にあります。

では、体が変わる人の呼吸法とは、どのような呼吸なのでしょうか。

その答えは腹式呼吸。「なあんだ」と思う人がいるかもしれませんが、では、腹式呼吸とはどんな呼吸法なのか、本当にあなたは理解しているのでしょうか。

「息を鼻からゆっくり吸い込みながら、お腹をふくらませます。そして、口からゆっくり息を吐き出しながら、お腹をへこませましょう。吸うときよりも、できるだけ時間をかけて息を吐ききるのがポイントです」——腹式呼吸のやり方については、おおよそ、こんなふうに説明されます。

たしかに、間違った説明ではないのですが、これだけでは不十分。というのも、腹式呼吸のポイントは腹横筋《ふくおうきん》にあるからです。腹横筋から動かす呼吸ができるかどうかが、腹式呼吸においては肝心です。

ちなみに、腹横筋は、いわゆるインナーマッスルの一つで、体のもっとも深い部分にある腹部の筋肉です。腹部の後ろ〜横〜前まで広い範囲を覆《おお》っているので、「コルセット筋」「ハラマキ筋」などと称されたりすることもあります。

腹式呼吸については、言葉ではわかった気になっていても、実際にできているかどうかというと、できていない人が圧倒的に多いのが実態です。

ところで、格闘技や武道をやっている人が「丹田《たんでん》に力を入れる」と言ったり、ことわざで「腹が据《す》わっている」などと言います。

丹田とは「臍下三寸《へそしたさんずん》」（へそから三寸＝九センチくらい下）と呼ばれる場所。そこが力を入れるべきところです。

臍下三寸に力を集約させるためには、体の外側にある腹直筋《ふくちょくきん》ではなく、ハラマキ状になって体を覆っている腹横筋が重要。なぜなら、腹横筋を使えれば、腹腔内圧《ふくくう》（腹圧）をしっかりかけて、丹田に力が入りやすくなるからです。

腹腔内圧とは、お腹にグッと力を入れたときにかかる圧力のこと。背中は背骨と背筋によって支えられていますが、腹部には背骨にあたるような骨がないので、その代わりとして、腹腔内圧が姿勢を保つために大きな役割を果たしています。

イメージとしては腹部にゴム風船があるようなもの。風船に適度な内圧がかかっていることで体を支えるのです。

丹田を上手く使えるようになると、感覚としては、グッと踏ん張りがきくようになります。そして、丹田を意識できるようになれば、腹式呼吸もきちんとできるようになります。

要するに、腹式呼吸がどれだけしっかりできているか、すなわち、腹横筋をしっかり使って丹田に力を入れられるかどうかが、体を変えられるか否《いな》かを決定づけるのです。

ヨガやウエイトトレーニングに取り組む際にも、「腹式呼吸をしましょう」などとよく言いますが、腹式呼吸ができている人ほど体のラインが変わってきます。

逆に言えば、体が変わらない人は腹式呼吸をやっている「つもり」になっているだけで、じつは腹式呼吸ができていないのです。

ちなみに、私は大学で講義をしていますが、爆発的なパワーを出せる学生と出せない学生とを比較した場合、腹部の使い方に差があるように感じています。

もちろん、体全体の使い方が上手かどうかという点も大いに関係しますが、とくに腹部の使い方、いわゆる「臍下三寸」、丹田に力を入れて踏ん張りがきくかどうかが、パワーを出せるポイントだと思います。

たとえば、「フォームはいいのに、いつも踏ん張りがきかない」といった悩みがある人は、筋肉で言うと腹横筋、別の言い方をすれば臍下三寸、丹田を使えるようにすると改善するでしょう。

私は腰椎分離症《ようついぶんりしょう》とヘルニアを経験していますが、腹腔内圧がかかっているときとかかっていないときとでは、腰の安定が違うことを、体がしっかり覚えています。

ハラマキ状の筋肉が健康のカギ

腹式呼吸がどのくらいできているか、仰向《あおむ》けに寝て腹圧を測定する機器があります。私のジムでも、試しにみなさんに「腹式呼吸をやってください」と言って腹圧を測定していますが、目盛りの針がピクリとも動かないことがしばしばあります。

何も呼吸法を習ったことがない人はともかく、腹式呼吸を習っているという人でも驚くほど針がふれません。たとえば、「ヨガを何十年もやっています」と称する人に、この器具を試してもらっても、まったく針がふれないことが少なくありません。要するに、腹圧をかけられないのです。

自分の体型を変えたり、体の痛みを軽減するには、いかにして本物を知るかがカギになると思います。腹式呼吸一つ例にとってみても、「本当に腹式呼吸ができているのだろうか」

という問いに立ち返ることが必要だと思います。

健康のために運動をしているのに、かえって腰痛を招いたりしている人も、腹部がきちんと使えていないことが理由の一つでしょう。

また、みなさんは、お腹に贅肉がついてくると、よく腹筋運動をやろうとします。マシンを使ったり、寝た状態でやったり、腹筋運動にもいろいろなやり方がありますが、きちんと腹筋を鍛えられている人は稀《まれ》で、九割方は間違ったやり方をしている印象です。

漠然と「腹筋に効いている」というだけでなく、腹筋のどこに効いているのか、丹田に効いているかどうかを確認してみましょう。とくに、腹横筋をしっかり使いながらできているかどうかがポイントで、正しい腹筋運動ができていれば、腹横筋がしっかりできあがってきます。

腹横筋はハラマキ状の筋肉なので、体幹、ひいては体全体を広く温めてくれます。言ってみれば、保温ベルトをしているようなものなので、自然とお腹回りの脂肪も燃焼しやすくなります。

一方、食事だけに頼るダイエットをしていると、筋肉量が減って体が冷えやすくなります。体が冷えていると脂肪が燃焼しづらくなるので、結果として、食事制限をストップした途端にリバウンドしやすくなってしまいます。

要するに、運動なしのダイエットの場合、一時的に体重が落ちたとしても、筋力低下により「より太りやすくやせにくい体」になるので、リバウンドを繰り返すのです。

こうした負のスパイラルを招かないためにも、とくにハラマキ状の筋肉＝腹横筋を鍛える運動がダイエット健康法のポイントです。

「フー」より「ウー」がコツ

もっとも、一般家庭には、腹圧を測定する器具はありません。では、どうすれば正しい腹圧のかけ方を覚えられるか。そのやり方をお伝えしましょう。

まず、仰向けになります。その状態で、フェイスタオルを四つ折りくらいにして腰のあたりにあてましょう。もう少し具体的に言うと、第一～第五腰椎《ようつい》あたりにあてててください。

その体勢のまま、腹式呼吸をして息を吐きながらお腹をひっこめるのですが、そのときにお腹を背中にくっつけるようにイメージします。腰の下に敷いたタオルを押すようなイメージを持つといいでしょう。

そして、この際に、一番いいのは「ウー」と言葉を発すること。経験上、それが腹圧をかけるための第一のコツです。どんな言葉でもいいわけではなく、「ウー」の言葉がもっとも効果的です。

たとえば「フー」でやってみると、みなさん、力が抜けてしまいます。「フー」と呼吸をしているときは、どうも腹圧がかかりにくいのです。

後づけの理屈ですが、考えてみると私たち人間は、お腹が痛いときに「ウー」とお腹を抱えるようにしてうめきます。

これは、とくに教わったわけでもないのに、小さい子供でも、そういった反応を示します。そんな事象から推測すると、もともとは腹圧をかけるための能力が、人間には備わっているのではないでしょうか。

腹式呼吸をしているときに腹圧を測定して、針が全然ふれない人でも、「それじゃあ、今度は声を出してみましょう、『ウー』という声を出しながら、お腹が背中にくっつくようにイメージしてください」とアドバイスをして、腹式呼吸を再度やってもらうと、針がグンとふれるようになります。

腹圧の測定器で自身の腹圧を正確に把握するのが理想ではありますが、こうした練習をしていれば、測定器なしでも、腹横筋をしっかり使った腹式呼吸ができるようになります。

腰痛になりにくい筋肉の使い方

腹横筋自体は、いわゆるインナーマッスルで体の奥に隠れている筋肉のため、腕立て伏せをして腕が太くなる、胸部を鍛えて胸が大きくなる、お尻を鍛えてヒップアップするといったような、目に見えて明らかな変化はありません。

とはいえ、腹式呼吸の練習を繰り返すうちに、「上手く使えるようになったな」という感覚は得られると思います。

また、腹横筋がしっかりできあがるとウエストが引き締まり、シェイプアップにも役立ちます。そして、だらっと姿勢が悪くなることもなくなり、「体がしっかり固まった」という安定感が得られると思います。

私が大学で教えている学生の七〜八割は、腹圧の測定器の針がほとんどふれません。この数字は、男女ともに共通して言えること。腹式呼吸ができる人のほうが少数派です。

一説によると、日本人の腰痛持ち、および腰痛予備群は、人口の七〜八割にのぼるのではないかというデータもあります。とすると、腹式呼吸ができない人の数は、大まかな傾向としては、腰痛に悩まされている人と将来的に腰痛が心配される人の人数に反映されていると思います。

言い方を換えれば、腹横筋を使えない人は腰痛になりやすく、腹横筋を上手く使える人は腰痛になりにくい傾向にあるのです。

「脳のイメトレ」で体は激変

さて、効率よく代謝をアップさせるためには、「大きい随意筋《ずいいきん》を使って大きい動きをする」のが基本です。随意筋とはその名のとおり、自分の意思で動かせる筋肉です。

ただし、随意筋をより効果的に鍛えるためには、ただ動かすだけでは不十分。イメージをしっかり持つことが大きな差を生みます。

たとえば、ダンベルなどを使って負荷をかけるにしても、三キロのダンベルを「一〇キロのダンベルだ」などとイメージして、脳をだますのが有効です。そのほか、何も負荷がなくても、随意筋を収縮させるときに脳で空き缶を潰すといった映像を思い浮かべると、より効果的に鍛えることができます。

ボディビルでは、ピークコントラクション法と呼ばれるテクニックがあります。これは、筋肉を最大限に収縮させて、そこからさらに意識的に「トップポジション（とんがる部分）」をいかにつくるかという技術です。

ボディビルでは、筋肉を強調するように見せるポージングのなかで、トップポジションをつくります。上腕二頭筋の力こぶは誰でも比較的簡単にできますが、そのほかの場所でも同様に応用できれば、非常に効果的に鍛えられます。

力こぶほど顕著ではありませんが、ほぼすべての随意筋のふくらんでいる部分で、同じようにトップポジションをつくれます。

ピーク、つまり、いかに一番収縮している状態をつくれるかは、どれだけ刺激をつよくイメージできるかによって決まってきます。イメージができれば、その筋肉はしっかり反応して動きます。

ですから、ある程度「前より上手くイメージできるようになったな」といった変化を自分自身でも実感できます。実際にやってもらえればわかりますが、筋肉量の多い男性に限った話ではなく、女性でもまったく問題なくトップポジションをつくることは可能です。

たとえば、かりに同じような筋トレをこなしていたとしても、同じような筋力があっても、ボディビルの経験がある人とない人とでは、「力こぶを出してください」とオーダーしたときに、明らかに違います。

それは、ボディビルの経験者は、負荷として何も持たなくても、脳のイメージだけで、ダンベルで負荷をかけているときと同様に、しっかり筋肉を収縮させることができるからです。一方、イメージが不足している人は、ダンベルの有無によって筋肉の収縮の仕方が変わってしまいます。

どんな動きであれ、こうしたイメージの有無によって運動効果はまったく異なります。いかにイメージと動きを上手く連動できるかが、体型改造の成功を左右すると言っても過言ではありません。

筋トレに限らず、一流アスリートはイメージトレーニングを欠かしません。逆に言うと、「こういう風な軌道でジャンプをしよう」などと理想のイメージを持たないと、上手く動けないものです。

そのほかにも、自分が優勝したときのイメージ、トロフィを持っているときのイメージなど、「なりたい自分」をクリアにイメージしている人が多いです。

一方、筋トレをする一般の人は、こうしたイメージングができていない場合が多いと思います。でも、イメージが大切なのはアスリートだけではありません。

仕事、勉強、習い事など、さまざまな場面でも、理想をしっかり持つこと、イメージをすることが大切なのは言うまでもありません。どれだけクリアにイメージを持てるかによって、理想や夢に近づける可能性も大いに左右されるでしょう。

同じように、身近な筋トレや日々の体づくりでも、もっともっと、イメージ力を利用しましょう。

イメージする力は特別な人だけが持っている能力ではありません。そして、実践しているうちに誰でもイメージ力は上がってくるものです。

腕立て伏せは一〇〇回より一〇回

とくに男性は筋トレというと腕立て伏せをやりがちですが、先ほどの腹筋の話と一緒で、きちんと効く腕立て伏せができていない人がほとんどです。

たとえば、「腕立て伏せが一〇〇回できる」と豪語している人の腕立て伏せを見てみると、たいていアゴしか動いていません。私に言わせれば、「それは腕立て伏せじゃなくて、水鳥の物まねじゃないか！」とツッコミたくなるくらいです。

極端な話、そんな間違った腕立て伏せ一〇〇回より、正しい一回のほうが、よっぽど本来の効果が期待できます。

よく見かけるのは「腕を下げたらすばやく自分の体を持ち上げる」腕立て伏せです。一方、理想の腕立て伏せは、地球を押すようなイメージです。一回一回、地球を押す……ですから、ほとんど動かないような状態を保ちつつ、体をゆっくり上げる。このやり方だと一〇回やるだけでもキツイです。とはいえ、それだけ体に負荷がかかるので、少ない回数でかなりの運動量が得られます。

よくあるパターンのアゴばかりを動かす腕立て伏せをしている人は、首回りしか動いていません。一方、一〇回でも、フルに腕を下げて、フルに上げると、筋肉の動員率が高くなり、エネルギーの消費も大きくなります。

いかに効率よくケガを少なく体を鍛えるかという観点から考えれば、見せかけだけの一〇〇回の腕立て伏せより、正しい腕立て伏せ一〇回のほうが理想です。腕立て伏せに限らず、腹筋運動やスクワットなど、ほかの筋トレに関しても同様のことが言えます。

基本的に、回数は少なくてもいいので、その人の筋力において、できるだけきつい状態でやるほうが効果的です。

たとえば、筋力のない女性に対して、壁腕立て伏せをすすめたりする人もいますが、床で行う腕立て伏せが無理な人は、床でも壁でも腕立て伏せをやる必要はありません。

というのも、床で腕立て伏せをやれない人が、壁で腕立て伏せをやろうとしても、お尻の位置が動くばかりで、腕にはほとんど効いていません。腕の筋力不足を補おうとして、無意識的にほかの部位でカバーしようとしてしまうからです。

どのように体重を乗せて、どのように押し込んでいけば二の腕に効くかということを、自分できちんと意識できる人でない限り、壁腕立ては難しいと思います。

そんな壁腕立て伏せをするよりも、もっとシンプルで腕に効く動きがあります。筋力のない人にやってもらいたいのは、一五四ページで紹介しているバストアップの動き。これを実践するのが一番だと思います。この動きは、バストアップに役立つだけではなく、腕の筋肉にもしっかり刺激が届きます。

このバストアップの動きであれば、鏡を見ながらきちんと意識ができますし、自分自身で筋張《すじば》った感覚をつかめます。

「ここまで上げると効くんだな」「ここまで下げると効かないんだな」と意識しながら、鏡を見ながらやれば、さらに効果が倍増します。壁腕立て伏せよりよっぽど手軽でわかりやすく、なおかつ効果的です。

「形から入る」が正解

一事が万事と言いますか、じつは効き目のない筋トレをやっているケースは多々あります。私からしてみると、非常にじれったいところです。

ジムをはじめ、さまざまな場所で「効かない筋トレ」を目にしてきたので、そんな人ができるだけ少なくなるようにと願っています。

ついつい回数に意識がいってしまい、「何回やるか」と頑張ってしまいがちですが、回数よりも自分自身の動きが正しいのかどうかを考えるべきです。間違った動きを積み重ねても残念な結果に終わるだけ。意味がありません。

不思議なことに、筋トレではなくスポーツに置き換えると、多くの人はきちんと実践できるのです。たとえば、ゴルフ愛好家の人は素振りをしますが、あくまでもフォームをチェックするのが目的で、「何回素振りをやろうか」とは発想しません。

打ちっ放しに出かけて、「気がついたら一〇〇回も打っていた」などという話ならありますが、「打ちっ放しを何百回やろう」などとは考えません。

ゴルフに限らず、野球でもテニスでも同様で、素振りは自分のフォームをチェックするために一回一回やるわけです。スポーツではそれができるのに、体を変える運動では、どういうわけか、それができないのです。

なぜ、自分のフォームを考えないで回数に走ってしまうのか――私には理解しかねます。フォームの確認から入って、気がついたら一〇回やっているといったベクトルならいいのですが、しばしば「これは何回やればいいんですか」という話になってしまうのです。

こうした質問を受けるたびに、「一回でもいいから正しくやってください」と答えています。気にするべきことはフォームであり、回数ではありません。

スポーツの習得にあたっては自然にできていることが、スポーツに必要な筋肉をつけるときはできない。すると結果的に、思うように体が変わらないばかりか、場合によっては思わぬケガにつながってしまうのです。

私の立場からすると、ケガをしてからトレーナーに相談に訪れるのではなく、「思うように体が変わらないな」という時点でトレーナーの力を頼って欲しいところです。最初のケアが正しくできていれば、ケガを未然に防げる可能性は大いに高まります。

そして、体型が実際に変わってくれれば、走るタイムが速くなったり、目標とする距離が走れるようになったり、結果は後からついてきます。

また、漠然と「健康のために」と走っているような人だと、フォームに無頓着《むとんちゃく》になりがちです。一方、具体的に「東京マラソンで四時間以内で走りたい」などと、自分なりに目標を掲げている人であれば、目標を達成しようという意欲から、フォームが気になるはずです。

自分がこうなりたいというイメージがあいまいで、なんとなく体を動かしている人は、ついつい回数に走りがちです。

そういうタイプの人は、実際のところ、自分の体を大事にしてはいません。「腕立て伏せが三〇回できた」といった達成感で満足してしまうわけです。本人にとって、それが喜びになっているにしても、私の立場からすると、非常にもどかしく思います。

「静的な筋トレ」の五つのメリット

では、気になる贅肉を落としながらシェイプアップをするためには、どんな運動をするとよいのでしょうか。

私自身、そして、二〇年近く、数え切れないほどの人たちのボディメイクに携わってきた経験から、導いたベストアンサーが第四章で紹介する「ねじるエクササイズ」です。

具体的な動作は次章で紹介しますが、私が考案した「ねじる」動作は、専門的な言葉を用いると、アイソメトリック・トレーニングにあたります。ダンベルを持ち上げるといった負荷をかける通常の筋トレ（＝「動的な筋トレ」）に対して、アイソメトリック・トレーニングは「静的な筋トレ」などと呼ばれます。

「アイソメトリック（isometric）」とは、日本語に訳すと、「等尺性の」といった意味で、アイソメトリック・トレーニングとは、筋肉の長さを変えずに筋力を発揮する運動です。

たとえば、胸の前で合掌《がっしょう》をするように両手を合わせて押し合えば、筋肉に力が入っていますが、筋肉を縮めたり伸ばしたりしているわけではありません。このように、筋肉の長さを一定に固定したまま、力を入れる運動がアイソメトリック・トレーニングです。

では、こうしたトレーニング方法にはどういったメリットがあるのでしょうか。

①自分で正しく行いやすい

②いつでもどこでも気軽にできる

③関節への負担が少ない
④ケガをしにくく筋肉痛になりにくい
⑤疲労感が少ない
⑥高齢者や女性でもやりやすい
⑦お金も時間もかからない

なかでも、ダンベルを用いるような通常の筋トレに比べると、非力な女性や運動習慣の少ない人でも、正しく効果的に自分で行うことができ、安全性が高いところがよい点です。

「ねじる」で効果が二倍に！

そして、アイソメトリック・トレーニングの考え方を採り入れつつ、さらに「ねじる」動作を加えることで、さらに効率よく刺激を与えられます。

まず、気になる皮下脂肪の近くにある大きな筋肉をしっかり動かすことが、部分やせの基本であり、そのために最も有効なのがねじるエクササイズなのです。

ねじるエクササイズの利点は、効果的にピンポイントで狙った筋肉に大きな負荷をかけやすいこと。もう少し詳しく言うと、筋肉を完全収縮させることができるのです。筋肉をしっかり完全収縮させることで、筋肉を鍛える効果はマックスになり、その分、エネルギーの消費もアップします。

ちなみに、「ねじる」動作の有効性については、国士舘大学の和田匡史《わだただし》教授と共同で実験を行っています。その結果、ねじる動作を加えると、通常の場合よりも筋肉の負荷がおよそ二倍に高まることがわかりました。

つまり、「ねじる」動作によって、脂肪燃焼量を格段にアップさせることが期待できるというわけです。

また、動作にあたっては、先に述べたとおり、イメージ力を活用することで、より効果を高められます。

次章であらためて説明を加えますが、「空き缶を潰すように」「雑巾《ぞうきん》を絞るように」など、できるだけ具体的なイメージを抱くとやりやすくなります。

要するに、できるだけ具体的にイメージすることによって、実際以上につよい負荷がかかっているように脳をだますのです。

そして、鍛えたい部位に意識を集中させることで、脳と神経系のネットワークがつながりやすくなります。そうすると、ピンポイントで鍛えたい筋肉をきちんと鍛えられ、より脂肪の燃焼が促されます。

まずは、カプサイシンと運動の相乗効果を狙ったトウガラシ体操によって、やせやすい体づくりを目指し、さらに、ねじるエクササイズを通じてシェイプアップを実現し、理想の体型をつくっていきましょう。

第四章　トウガラシ体操&ねじるエクササイズ

二ヵ月の実践で一二キロ減！

第二章で「トウガラシ体操」について少しふれましたが、この体操を考案するプロジェクトは、トウガラシ由来のサプリメントを開発した味の素の担当者から「辛いものは好きですか」と質問を受けて、「大好きです」と即答したことをきっかけに動きだしました。

そして、トウガラシのサプリメントについて発表するセミナーが二ヵ月後にあるので、その際にトウガラシ体操をお披露目《ひろめ》しましょうという話になったのです。

そこで、二ヵ月の間にトウガラシのサプリメントを摂取しながら、この体操を実践して実際にどのくらいやせられるのか、自分の体を使って実験することにしたのです。

ちなみに、トウガラシ体操は、とくにウエストをシェイプアップさせることを意識して考案しました。ウエストを細くしたい人は、この体操を二ヵ月ほど試せば、必ず細くなります。

自分の身をもって実践して、きちんと結果がついてきているので、ここは断言してもいいでしょう。

さて、トウガラシ体操は全部で一〇の動きがあります。

①かかしのポーズ
②ヒジヒザ・タッチ
③わき腹キック
④踏み込んでハーイ!
⑤お尻キック
⑥ビックリ肩上げ
⑦水平チョップ
⑧ロボットのポーズ
⑨T字ねじり
⑩肩回し

もともとのオーダーは、トウガラシのサプリメントを摂りながら「褐色脂肪細胞を活性化させる体操」だったのですが、実際には、褐色脂肪細胞を活性化させるための動きは、全体の半分程度です。

というのも、肩甲骨回りを意識して褐色脂肪細胞を刺激しただけでは、全体的に体重は落とせたとしても、体型は思うように改善されないからです。

言ってみれば、筋肉はゴムのようなものなので、それをギュッギュッと伸縮させなくてはシェイプアップはできません。

体重を落とすだけなら、食事制限だけでも可能です。私がこのプロジェクトに加わるのであれば、やはり体操をやったことならではの結果を出したいと考えて、半分はシェイプアップに特化したのです。

結果は、第二章で紹介したとおり、体重は一二キロ減、ウエスト一六センチ減と、短期間で面白いほどビフォーアフターの変化を得られました。

もう少し、自ら実践したときのことを補足しておくと、毎朝六時に起床して、一〇分後にトウガラシのサプリメントを服用しました。そして六時三〇分には体操をスタート。三〜五分程度で終わります。

人間の体は、朝起きてからお昼に向かい徐々に体温が上がっていきます。ですから、朝から正午は、より脂肪を燃焼させやすい時間帯にあたります。そういうわけで、サプリメントの摂取とトウガラシ体操も、その体内リズムに合わせてやるようにしました。

ただし、ほかの時間帯だと効果を得られないというわけではないので、タイミングにはあまりこだわらず、続けることを第一に取り組みましょう。短い時間でも習慣的に毎日行うのが理想的です。

トウガラシ体操の三つの利点

具体的な動作は後述しますが、トウガラシ体操は、体育学のエビデンスに基づいてつくられており、全身のストレッチ効果も期待できます。ですから、とくに準備運動も不要で、気軽に行えるのです。

いずれの動きも、ラジオ体操のテンポを目安に、ゆっくりとリラックスして行いましょう。この体操を行うことで、筋肉の柔軟性も向上するので、腰痛や膝痛の予防策としても役立ちます。

また、トウガラシ体操は立ったままできる運動で、スペースが限られていても大丈夫。自宅やオフィスなどでも、ちょっとした空き時間さえあれば実践が可能です。

慣れてきたら、気になる動きを繰り返してみたり、自分の体のコンディションに合わせてやり方を変えてみるのもいいでしょう。

代謝を上げて脂肪を燃焼させるためには、全身を使ったエクササイズが効果的です。また、体中の数ある筋肉のなかでも、大きな筋肉を積極的に動かすのがポイントになります。

具体的には、上半身なら背中の僧帽筋《そうぼうきん》、下半身では、お尻の筋肉、すなわち中殿筋《ちゅうでんきん》、大《だい》殿筋《でんきん》、そして、太ももの裏側にあるハムストリングス（大腿《だいたい》二《に》頭筋《とうきん》、半腱様筋《はんけんようきん》、半膜様筋《はんまくようきん》）

ダイエットと関係の深いおもな筋肉

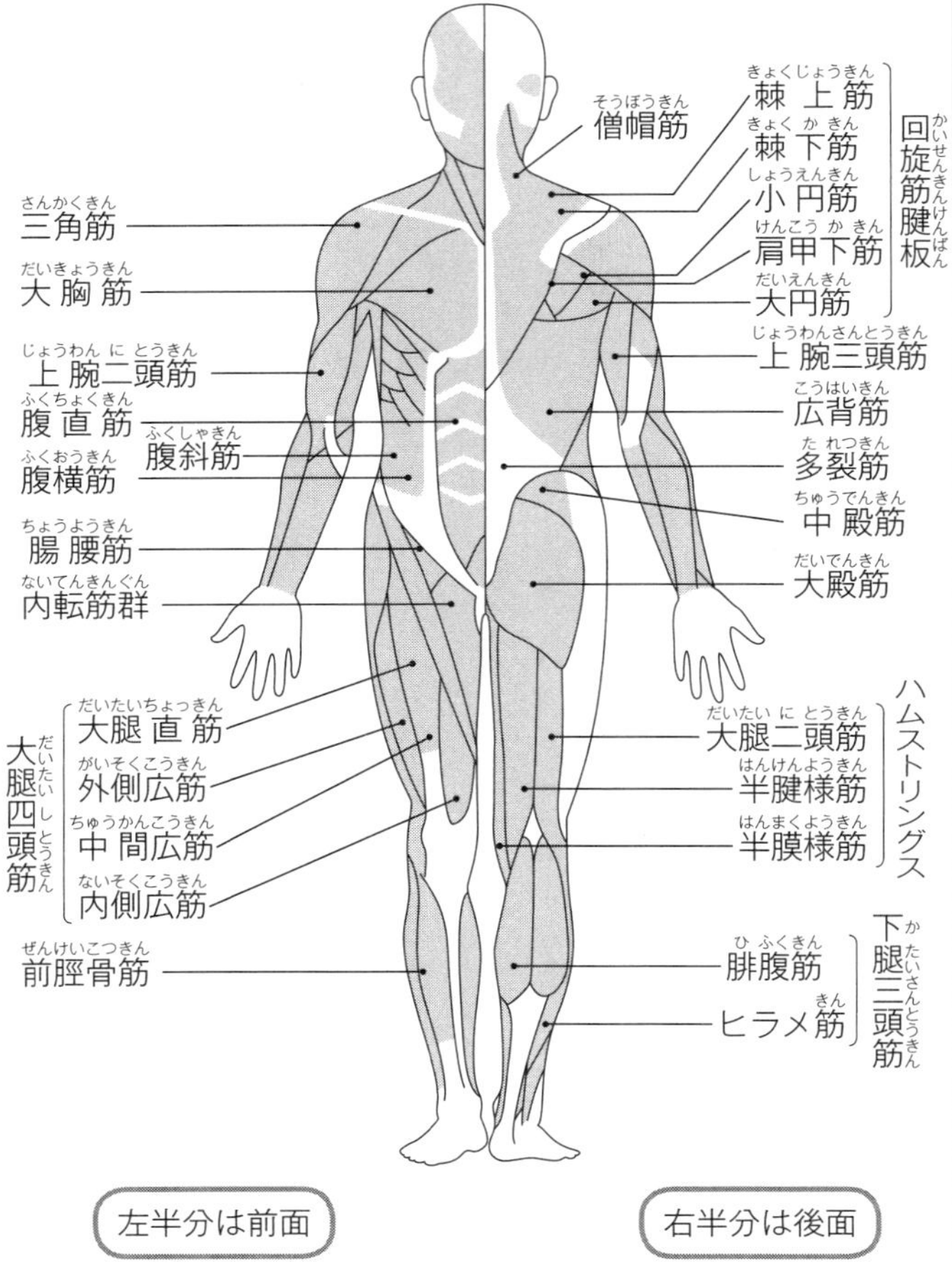
僧帽筋《そうぼうきん》
棘上筋《きょくじょうきん》
棘下筋《きょくかきん》
小円筋《しょうえんきん》
肩甲下筋《けんこうかきん》
大円筋《だいえんきん》
回旋筋腱板《かいせんきんけんばん》
三角筋《さんかくきん》
大胸筋《だいきょうきん》
上腕二頭筋《じょうわんにとうきん》
腹直筋《ふくちょくきん》
腹斜筋《ふくしゃきん》
腹横筋《ふくおうきん》
腸腰筋《ちょうようきん》
内転筋群《ないてんきんぐん》
上腕三頭筋《じょうわんさんとうきん》
広背筋《こうはいきん》
多裂筋《たれつきん》
中殿筋《ちゅうでんきん》
大殿筋《だいでんきん》
大腿直筋《だいたいちょっきん》
外側広筋《がいそくこうきん》
中間広筋《ちゅうかんこうきん》
内側広筋《ないそくこうきん》
大腿四頭筋《だいたいしとうきん》
大腿二頭筋《だいたいにとうきん》
半腱様筋《はんけんようきん》
半膜様筋《はんまくようきん》
ハムストリングス
前脛骨筋《ぜんけいこつきん》
腓腹筋《ひふくきん》
ヒラメ筋《きん》
下腿三頭筋《かたいさんとうきん》
左半分は前面
右半分は後面

をしっかり動かすのが理想です。

そのほか上半身であれば、肩甲骨回りにある三角筋《さんかくきん》、棘下筋《きょくかきん》、大円筋《だいえんきん》と呼ばれる筋肉を動かすことが、褐色脂肪細胞の活性化を促して、より効率的に脂肪を燃焼させることができます。

トウガラシ運動を行うと、前述の筋肉をしっかり使いながら、体全体を動かすことができます。要するに、褐色脂肪細胞を活性化させながら、効率的に代謝アップを実現できる体操なのです。

さて最後に、トウガラシ体操の三つの大きな利点をまとめましょう。

①準備運動が不要
②いつでもどこでも立ったままで行える
③動きがシンプルで覚えやすい

トウガラシ体操は、できるだけ続けやすい簡単な体操を目指して考案しました。ぜひ、この体操を通じて、代謝のいいやせやすく太りにくい体を実現しましょう。

さあ、さっそく実践です！

かかしのポーズ【トウガラシ体操❶】

1 かかとを上げながら、
腕を左右に広げる

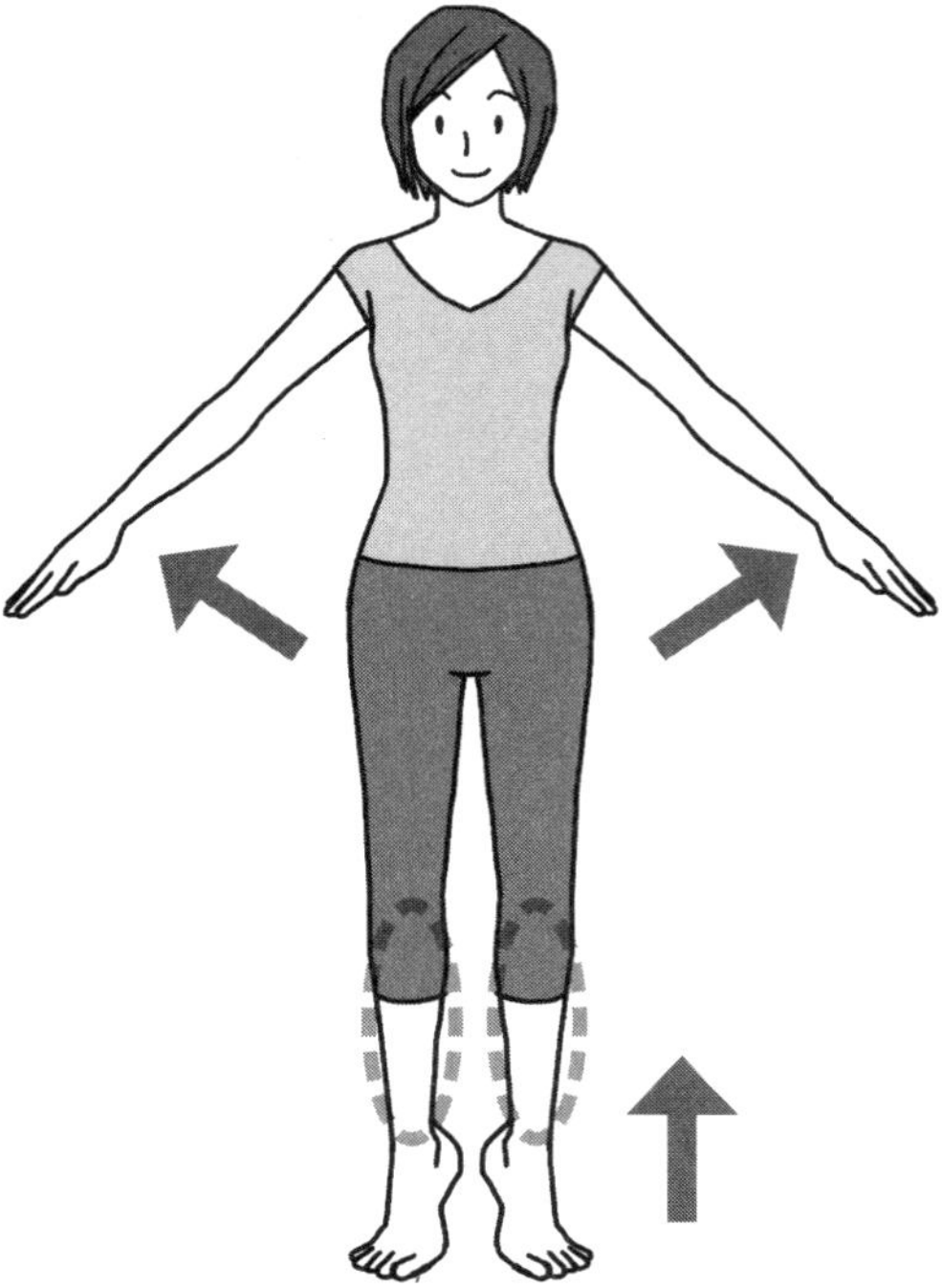

2 かかとを下ろして、
腕を下げる

point

両手両足の動きを揃えて
リズミカルに！
元気よく動かして、
体を目覚めさせましょう！

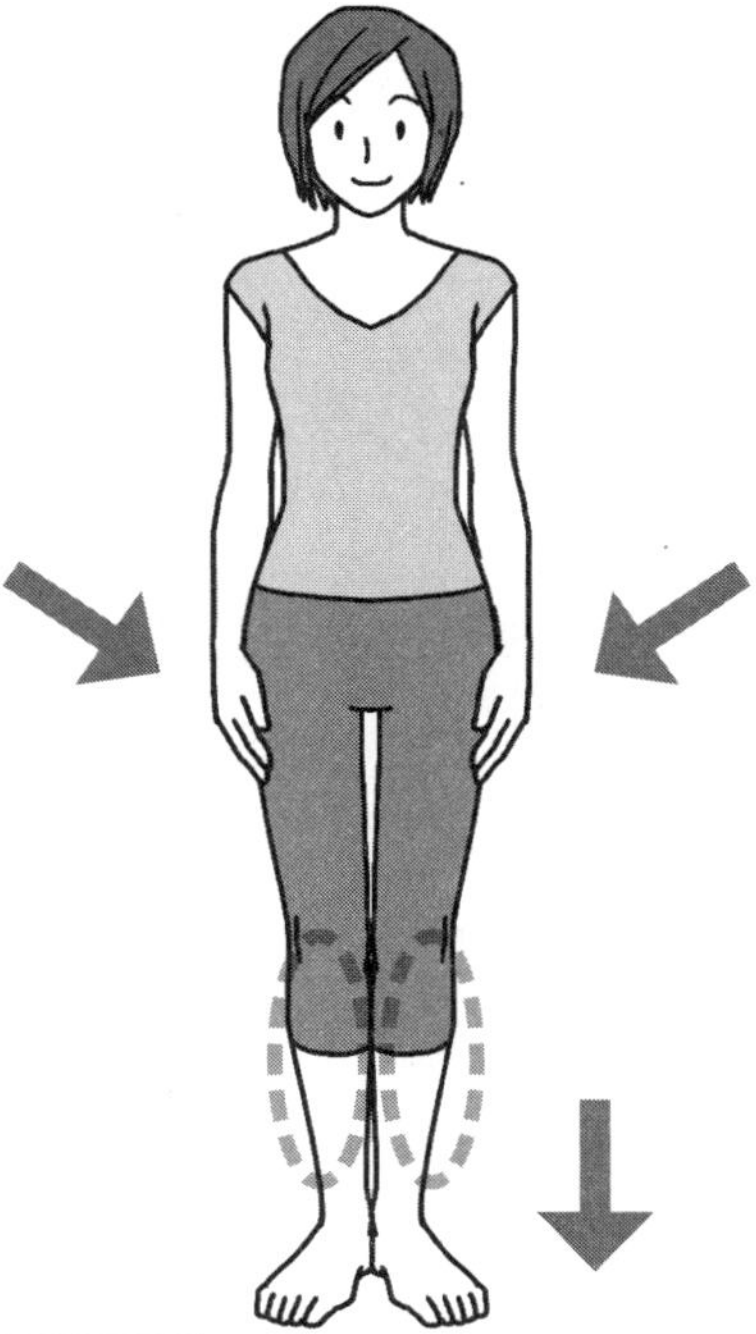

◌＝おもに使う筋肉
・下腿三頭筋

※数回繰り返す

ヒジヒザ・タッチ【トウガラシ体操❷】

1 右足を上げながら、右ヒザと左ヒジを体の前でタッチ

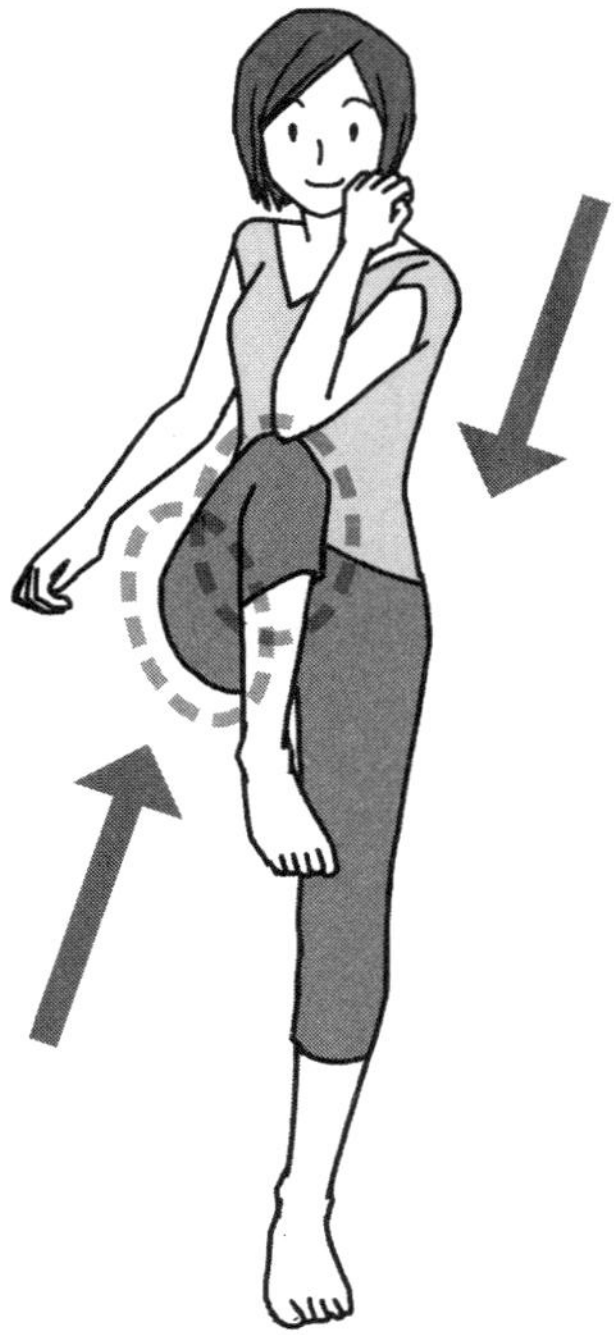

2 左足を上げながら、
左ヒザと右ヒジを
体の前でタッチ

point

背中を丸めたり、
上半身の力に頼らずに、
足をしっかり
引き上げましょう！

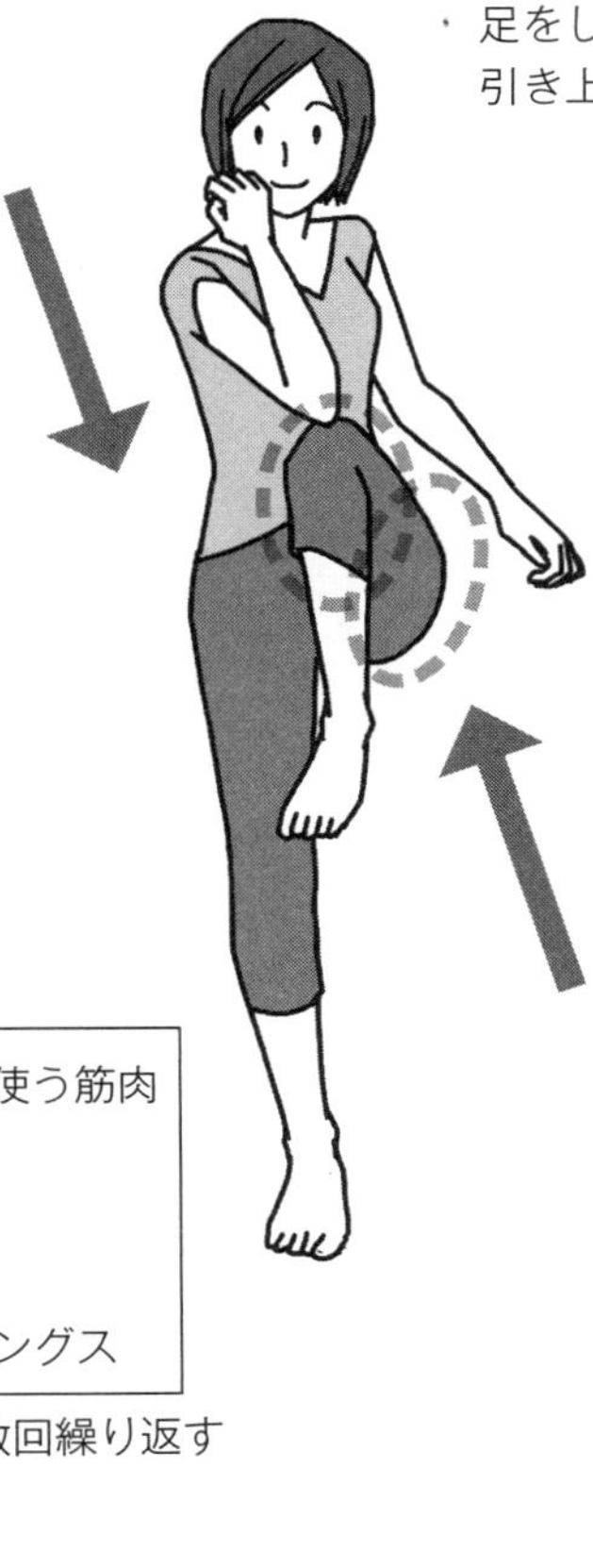

＝おもに使う筋肉
・腸腰筋
・大腿四頭筋
・大殿筋
・ハムストリングス

※左右交互に数回繰り返す

わき腹キック【トウガラシ体操❸】

1 手を軽く握りながら、
両腕を上げる

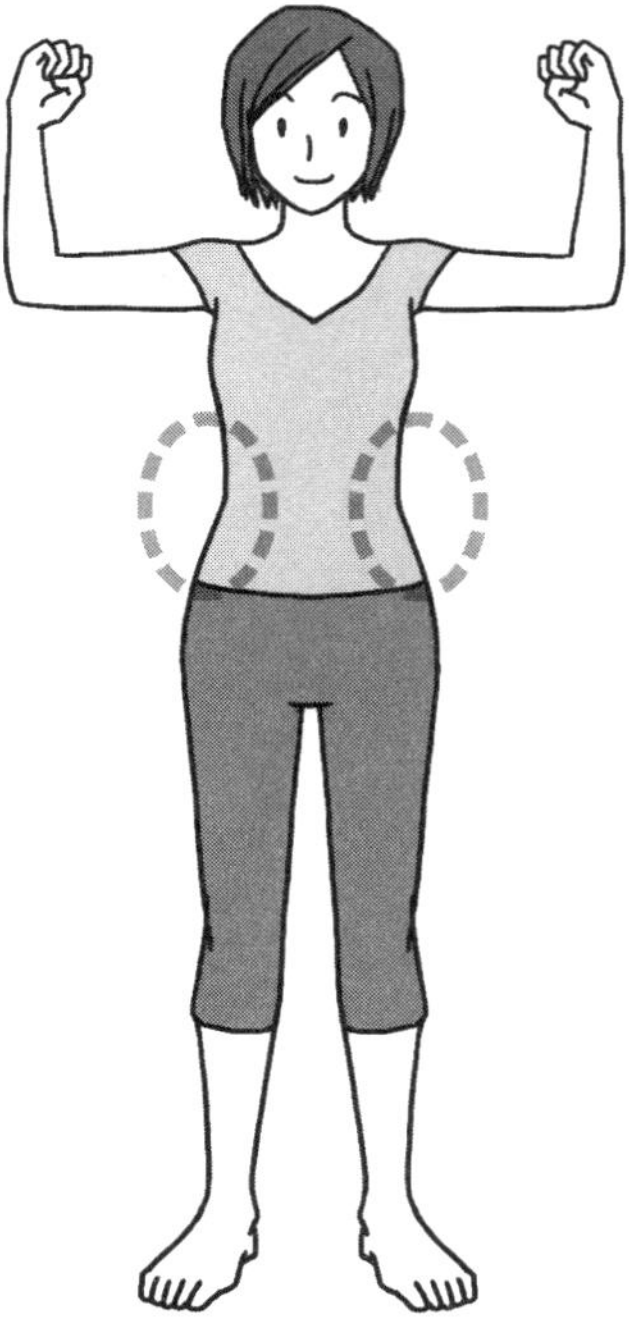

2 上半身を右側に倒すと同時に、右ヒジと右足を近づける

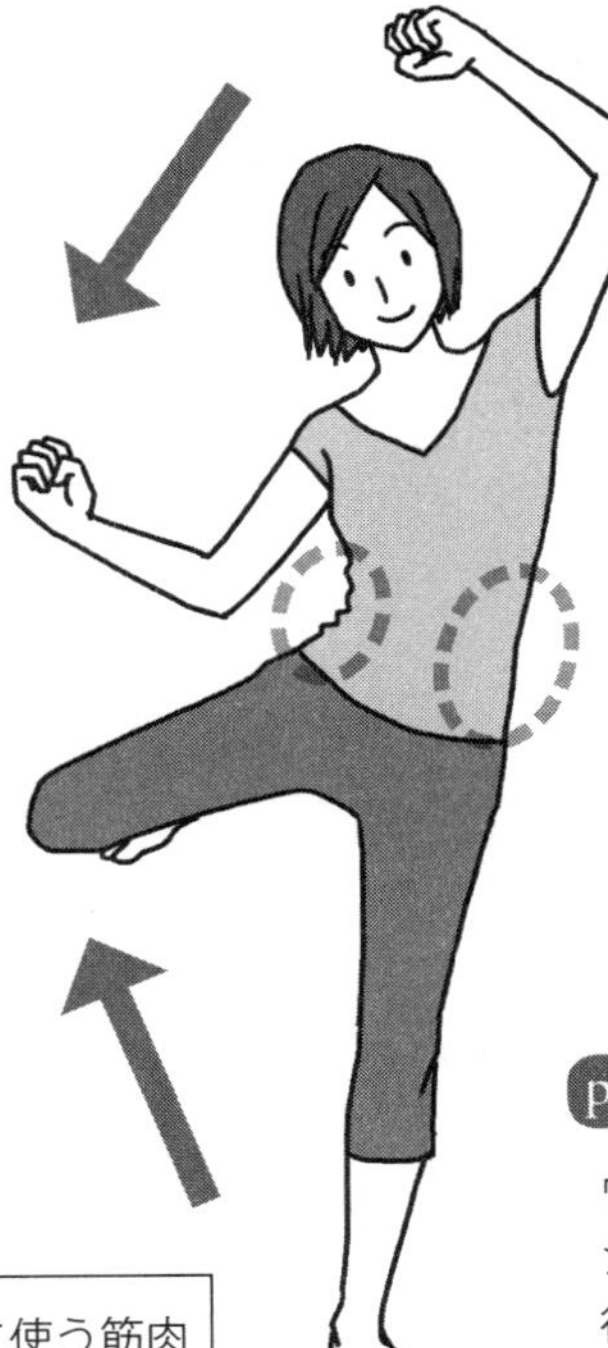

point

ウエストやお尻の
シェイプアップに
役立ちます！
体をしっかり大きく
使いましょう！

◌ ＝おもに使う筋肉
・腹斜筋
・中殿筋

※左右交互に数回繰り返す

踏み込んでハーイ！【トウガラシ体操❹】

2 左足を一歩出すと同時に、
ヒザを曲げて腰を落とす

point

手と足の動きを連動させることで、
より大きく体を使えます！
太ももやお尻のシェイプアップを
期待できます！

◯＝おもに使う筋肉
・大腿四頭筋
・大殿筋
・ハムストリングス

※左右交互に数回繰り返す

お尻キック【トウガラシ体操❺】

◆1 両手をお尻の上に置く

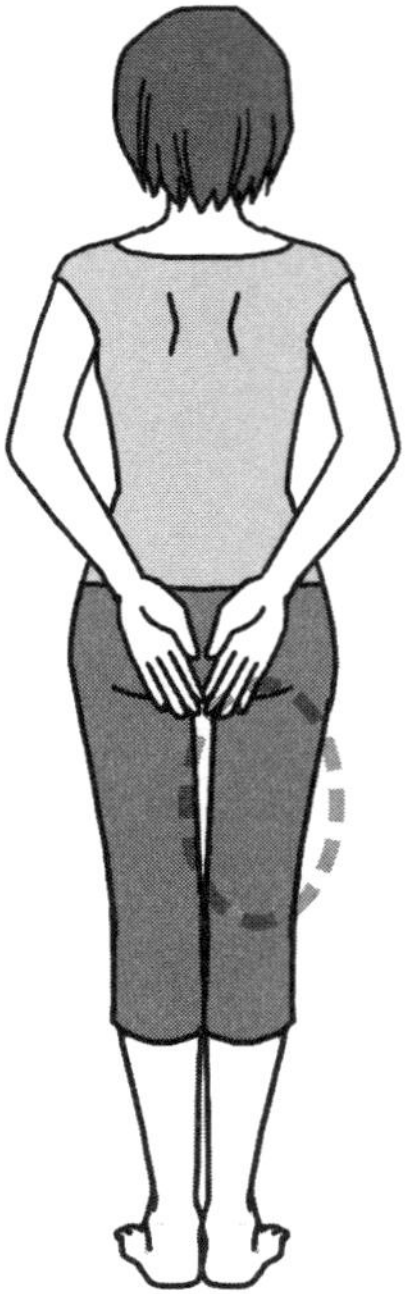

2 右足で左の手のひらにタッチする

point

体のバランスを崩さないように
気をつけながら、
右足と左手、左足と右手を
リズミカルにタッチ！

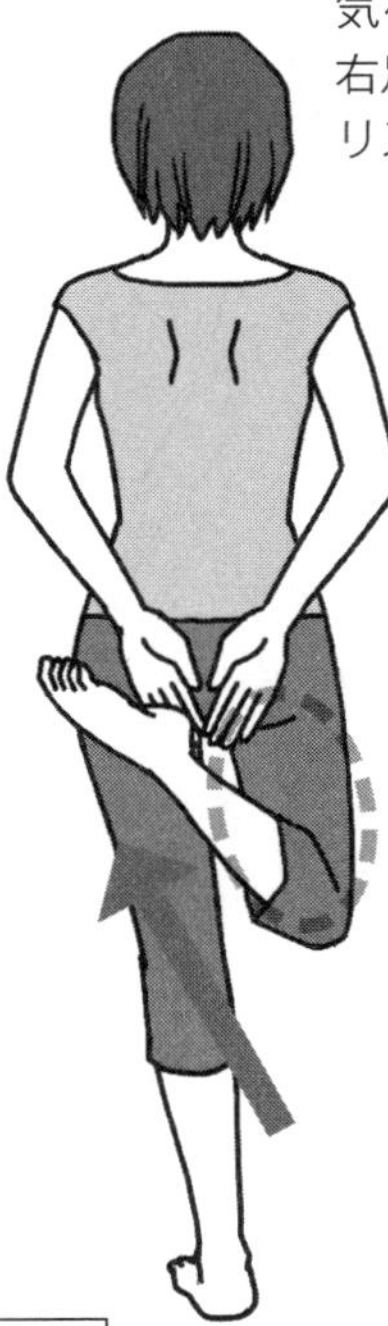

＝おもに使う筋肉
・ハムストリングス

※左右交互に数回繰り返す

ビックリ肩上げ【トウガラシ体操❻】

1 両腕を左右に軽く広げる

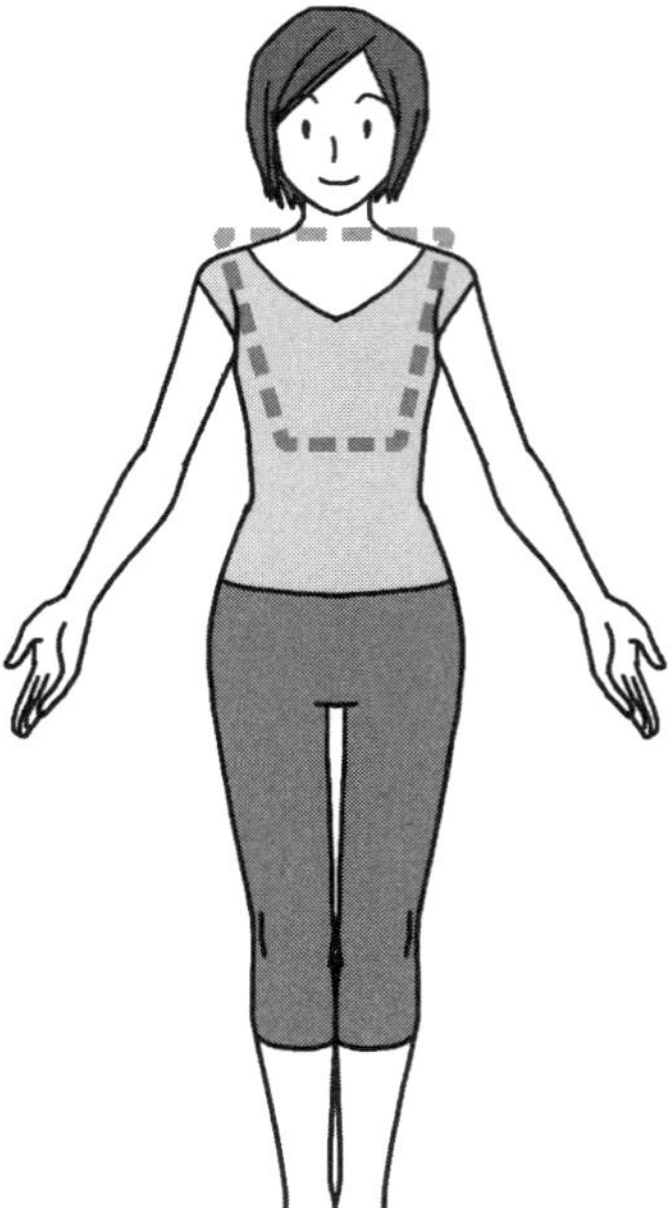

2 肩を上下に動かす

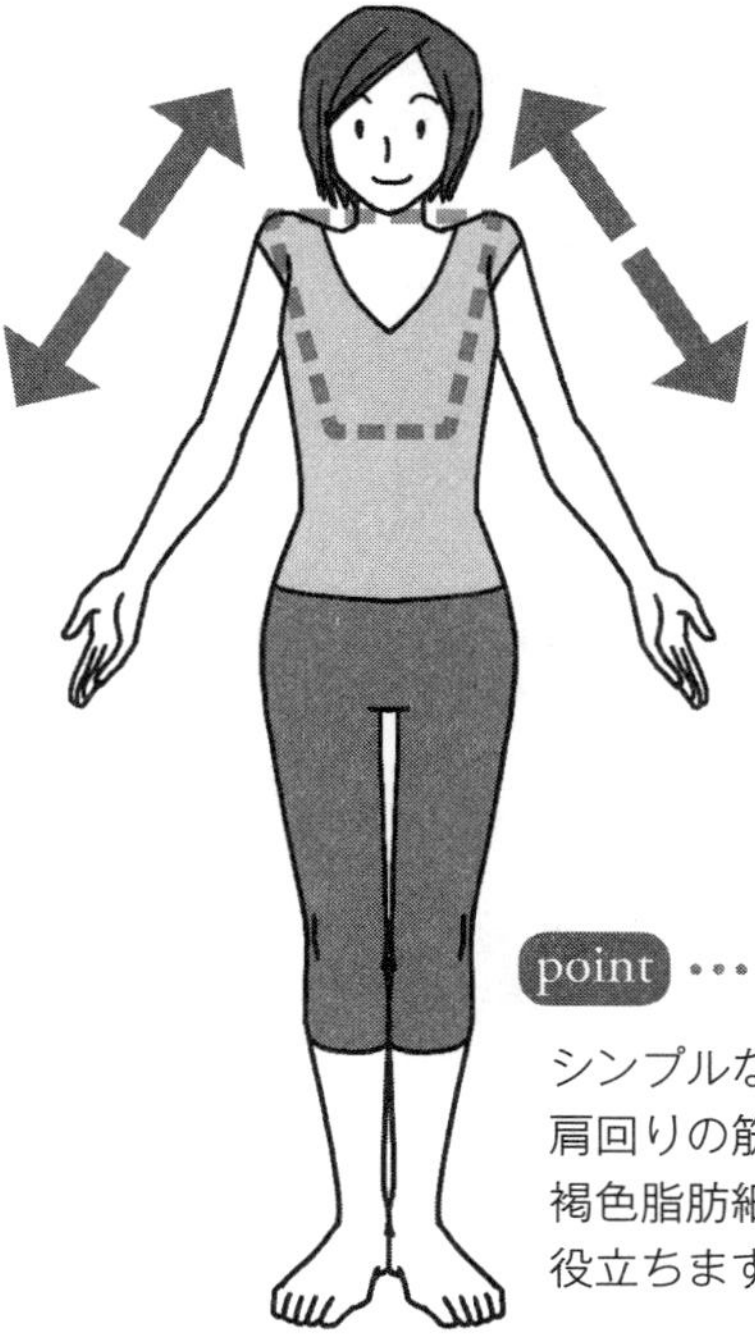

point

シンプルな動きですが、
肩回りの筋肉を使うことで、
褐色脂肪細胞の活性化に
役立ちます！

＝おもに使う筋肉
・僧帽筋

※数回繰り返す

水平チョップ【トウガラシ体操❼】

1 手のひらを上に向けた状態で、
両手を胸の前に広げる

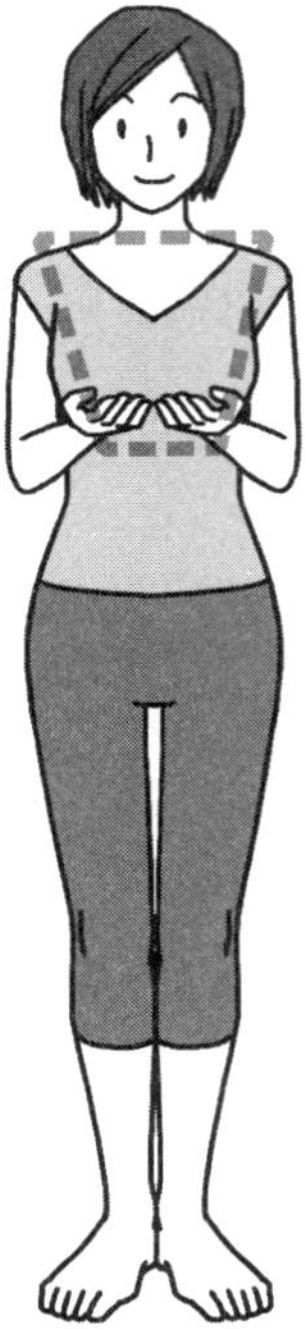

2 手～ヒジを床と平行に保ちながら、
両腕を左右に広げる

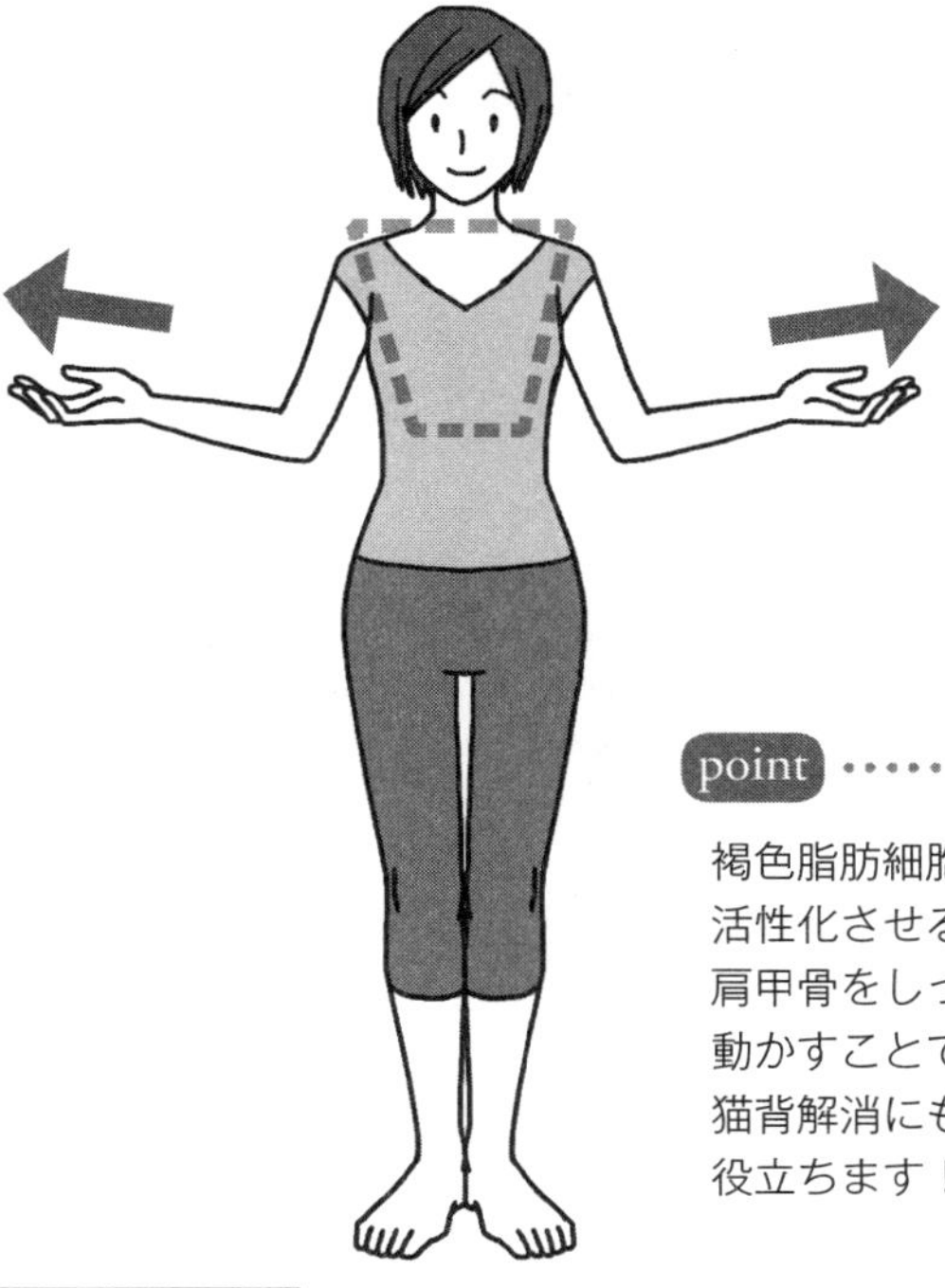

point

褐色脂肪細胞を
活性化させるほか、
肩甲骨をしっかり
動かすことで、
猫背解消にも
役立ちます！

＝おもに使う筋肉
・回旋筋腱板

※数回繰り返す

ロボットのポーズ【トウガラシ体操❽】

1 ヒジを直角にしたまま、
右手を下に、左手を上に曲げる

2 ヒジを直角にしたまま、
左手を下に、右手を上に曲げる

point

肩回りを大きく
動かすことができます！
ヒジが下がらないように
注意しましょう！

◯＝おもに使う筋肉
・回旋筋腱板

※数回繰り返す

T字ねじり【トウガラシ体操❾】

1 両腕を肩の高さまで広げて、
右の手のひらを下に、
左の手のひらを上に向ける

2 左腕を肩からねじるようにして、
左の手のひらを下に向ける。
それと同時に、右の手のひらを上に向ける

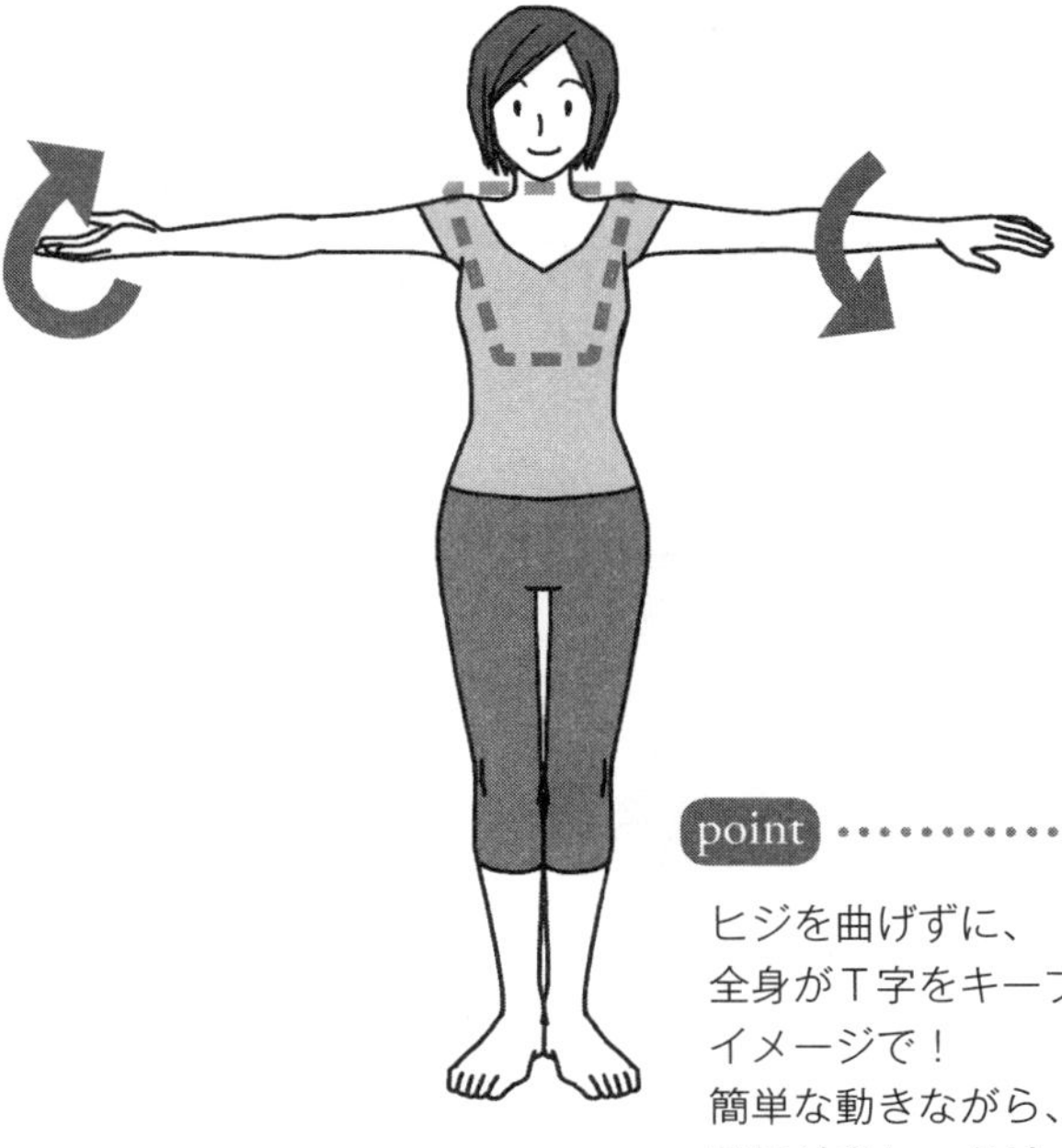

point

ヒジを曲げずに、
全身がT字をキープする
イメージで！
簡単な動きながら、
肩回りをしっかり
動かせます！

＝おもに使う筋肉
・回旋筋腱板

※左右交互に数回繰り返す

肩回し【トウガラシ体操⑩】

1 両手を肩の上に置いて、
ヒジで大きな円を描くように
肩を前に回す

2 両手を肩の上に置いて、
ヒジで大きな円を描くように
肩を後ろに回す

point

肩のこりがほぐれるのを
意識しながら、
グルグルとリズミカルに
回しましょう！

○＝おもに使う筋肉
・回旋筋腱板
・三角筋

※前後それぞれ数回繰り返す

五秒ねじるだけでシェイプアップ

ここまで解説したトウガラシ体操はいたって簡単な動きですが、「ねじるエクササイズ」もまた、時間や場所を選ばず、誰もが簡単にできます。「ねじる」動作は、基本的に五秒キープすればOKです。

また、シンプルな動きながら、最大限の効果を引き出せるので、個人差はありますが、短期間でもビフォーアフターを実感しやすいでしょう。

繰り返しになりますが、ねじるエクササイズの最大のポイントは、筋肉を「ねじる＝完全収縮させる」点にあります。ただ収縮させるだけでなく「ねじる」動作を加えることで、筋肉が最大限に鍛えられるとともに、消費エネルギーも格段にアップするのです。

また、「ねじる」動作をしながら心がけて欲しいのは、大きく二つ。やせたいパーツに意識を集中することと、できるだけ具体的なイメージを持つことです。

まず、気になる筋肉に意識を集中する。そのことによって、落としたい脂肪が燃焼しやすくなるのです。無意識に体を動かすのではなく、「ここの脂肪を燃焼させよう！」と自覚を持ちながら行いましょう。

続いて、「空き缶を潰す」「雑巾を絞る」といったイメージを思い描く。こうしたイメージを具体的に思い浮かべることによって、筋肉により大きな負荷をかけられます。
さて、ねじるエクササイズは、以下のパーツをリメイクします。

- お腹ねじり①…下腹シェイプ
- お腹ねじり②…わき腹シェイプ
- お腹ねじり③…太鼓腹シェイプ
- 足ねじり①…太ももシェイプ
- 足ねじり②…お尻シェイプ
- 腕ねじり…二の腕シェイプ
- 胸ねじり…バストアップ

どの筋肉がボディメイクに大切か

お腹ねじりのうち、下腹シェイプは腹直筋をしっかりねじることで、ポッコリ突き出た下腹や二段腹の解消に役立ちます。また、わき腹シェイプは腹斜筋を集中的にねじります。くびれのある美しいウエストラインづくりには、わき腹シェイプが有効です。

そして、太鼓腹シェイプは、腹横筋をきっちりねじるのがポイント。ちなみに、太鼓腹の人は、内臓脂肪や皮下脂肪が溜まっていて、内臓も張り出した状態です。腹横筋は、コルセットのようにお腹を覆っている筋肉。この腹横筋をしっかりねじることで、効果的に内臓脂肪と皮下脂肪の燃焼を促すとともに、内臓を正しい位置に戻す効果が期待できます。

下腹シェイプ、わき腹シェイプは立った姿勢で、太鼓腹シェイプは四つん這《ば》いの状態で行いますが、いずれの場合も、ねじる動きと呼吸を連動させることが重要になります。とくに気をつけて欲しいのは、決して息を止めないこと。息をつよくゆっくり吐き出すことで、しっかりねじり切ることができるので、意識的に呼吸を行いましょう。

そして、下腹シェイプに関しては、猫背になったり、お尻を後ろに突き出したりしないように注意しましょう。姿勢が悪いと効果が半減してしまいます。

一方、わき腹シェイプは、基本姿勢は下腹シェイプと共通しています。ねじる動きをするにあたっては、肩を腰へと近づけてから、しっかりねじるようにするといいでしょう。

太鼓腹シェイプを行うときも、背中を丸めてしまうと腹横筋に効かなくなってしまうので気をつけましょう。具体的な姿勢や動きは後述しますが、いずれも正しい姿勢で行うことが非常に重要です。

足ねじりは、太ももシェイプとお尻シェイプの二種類がありますが、いずれも下半身を安定させつつ狙った筋肉をねじるためにイスを使います。

太ももシェイプは大腿四頭筋を使ってしっかりねじることが何よりも大切。ねじるというシンプルな動作なので、運動が苦手な人でも気軽に取り組めると思いますが、腕やお尻に余計な力が入ってしまうのが、代表的なNG例です。

一方、お尻シェイプの場合は、大殿筋を鍛えます。太ももと同様に筋肉を最大限にねじることがポイント。垂れ下がったお尻をキュッと引き締めて美しいお尻のラインをつくることができます。

腕ねじりは、たるんでプルプルした二の腕を解消する動きです。

意識して欲しいのは、二の腕のうち、力こぶができるほうの上腕二頭筋。二の腕のたるみが気になるのは、上腕二頭筋の裏側についている上腕三頭筋のほうですが、上腕二頭筋と上腕三頭筋は、運動の際に互いに相反する運動を行う拮抗筋《きっこうきん》にあたります。ですから、上腕二頭筋を鍛えているように見えますが、二の腕全体のシェイプにもつながるのです。

胸ねじりは、左右の大胸筋を意識して、真ん中にギュッとねじります。大胸筋を鍛えることで美しい形のバストラインをつくりながら、重力に負けないバストを手に入れましょう。

ねじるエクササイズは、いずれも行う回数は自由です。まずは一回だけでかまわないので、次項から紹介する動きを試してください。どんなイメージを持ちながら行えばよいのかも述べていますので、イメージ力も駆使して行いましょう。

下腹シェイプ【お腹ねじり❶】

1 片方の足を一歩前に出して立つ。
両手で軽く握りこぶしをつくり、
首の後ろに添えて固定する

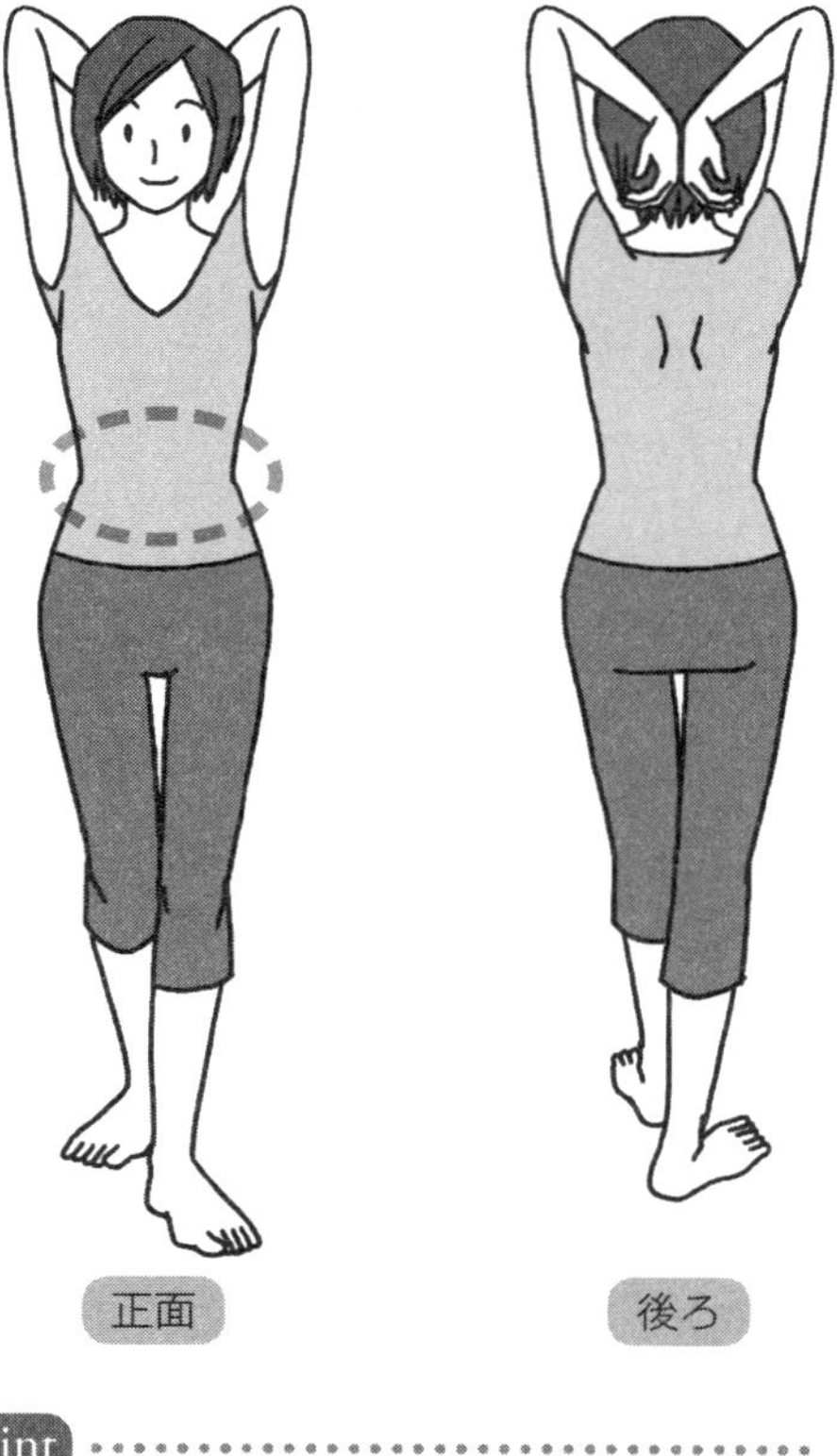

point

腹筋を引き上げて上下に伸ばすイメージで、
背筋も伸ばしましょう！
両ヒジの位置は耳より高くしましょう！

2 深く息を吸いながら、お腹をへこませる。
お腹の前面にグッと力を入れて、
口から息を吐きながら、5秒かけてお腹の前面を
縮めるようにねじり、そのまま5秒キープ

point

空き缶を縦にしっかり潰すイメージで、
腹筋に力を入れてしっかりねじりましょう！
あごを少し引き、目線は正面に。
前に出した足のかかとを浮かして
つま先立ちに！

◌＝ねじる筋肉
・腹直筋

わき腹シェイプ【お腹ねじり❷】

1 ねじる側の足を一歩前に出して立つ。
両手で軽く握りこぶしをつくり、
首の後ろに添えて固定する

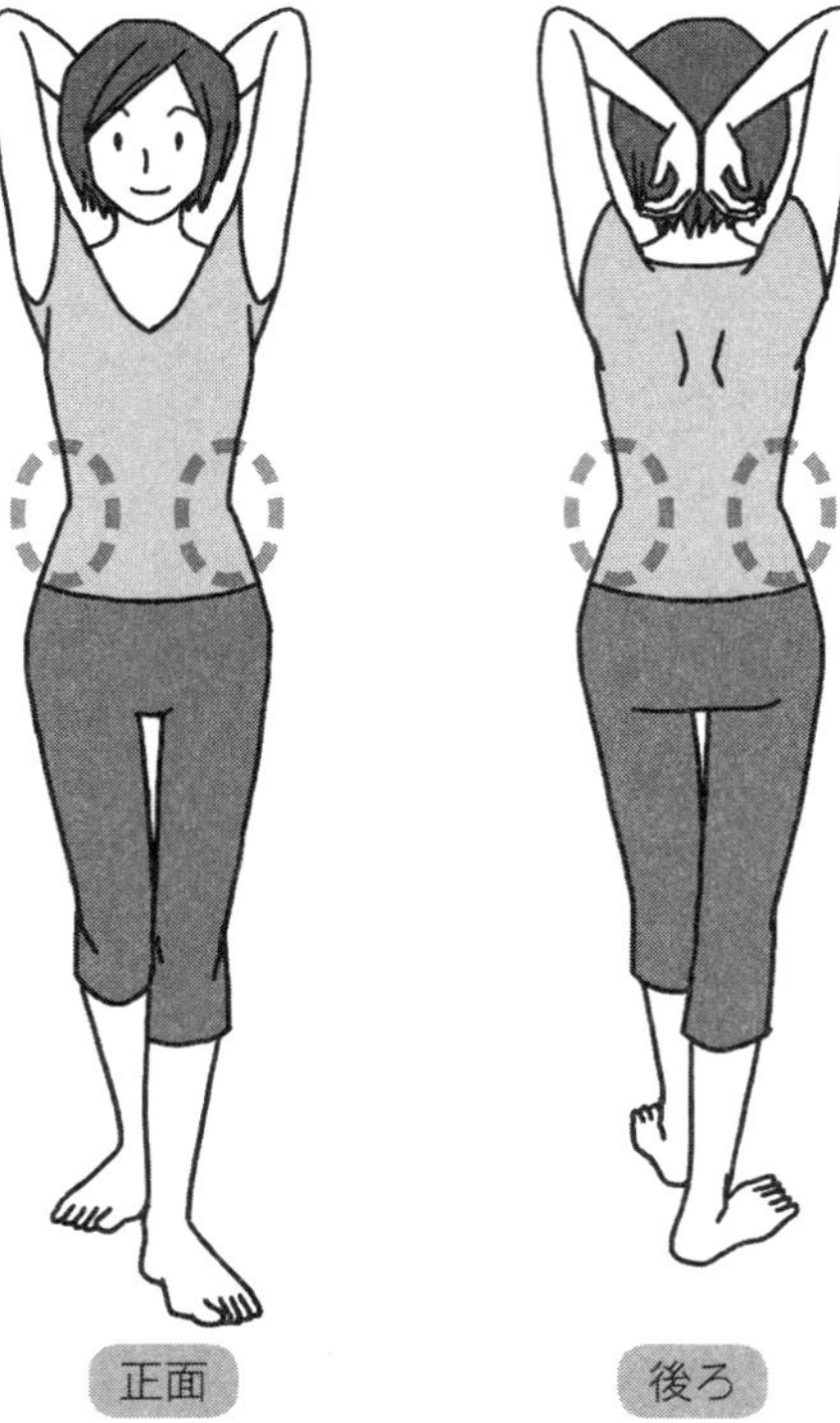

point

腹筋を引き上げて上下に伸ばすイメージで、
背筋も伸ばしましょう！
両ヒジの位置は耳より高くしましょう！

2 深く息を吸いながら、お腹をへこませる。
片方のわき腹にグッと力を入れて、
口から息を吐きながら、5秒かけて上半身を倒して
お腹をねじり、そのまま5秒キープ（左右それぞれ行う）

point

雑巾を絞るイメージで、
わき腹（腹斜筋）に力を入れて
しっかりねじりましょう！
前に出した足のかかとを浮かして
つま先立ちに！

◌＝ねじる筋肉
・腹斜筋

太鼓腹シェイプ【お腹ねじり❸】

1 前腕を床につけて、四つん這いになる。
両手で軽く握りこぶしをつくり、
その上におでこを乗せる。
深く息を吸いながら、お腹をへこませる

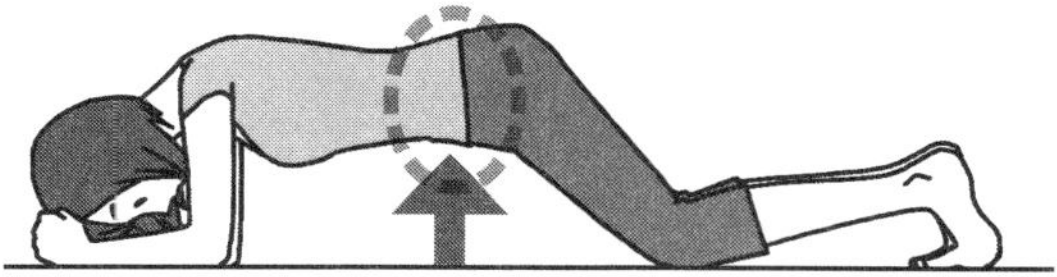

point

背筋を伸ばして、
背中を丸めないように注意！

2 お腹の深部にグッと力を入れて、
口から息を吐きながら、
1の腰の高さをそのまま5秒キープ。
ヒザを伸ばして、5秒かけて
肩から腰が水平になる姿勢に

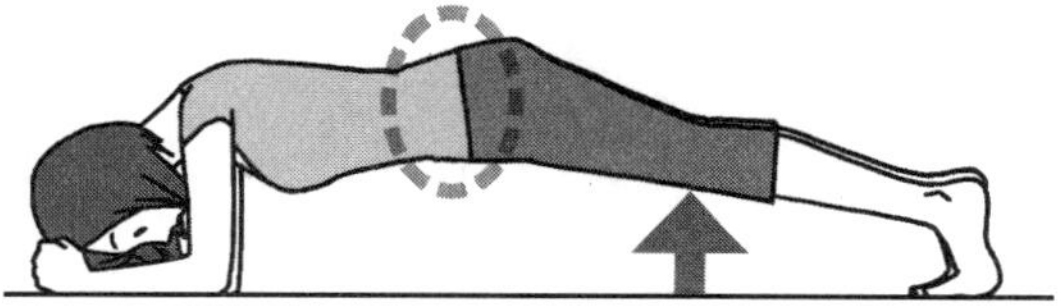

point

頭を浮かせないように
しましょう！
上半身で橋をつくるよう
なイメージで！

（点線の円）＝ねじる筋肉
・腹横筋

太ももシェイプ【足ねじり❶】

1 イスに座り、片足を太ももの筋肉の力だけで、できるだけ床と平行になるように持ち上げる。
その状態で、5秒かけて
足を内側にねじりながら、太ももをねじり、
そのまま5秒キープ

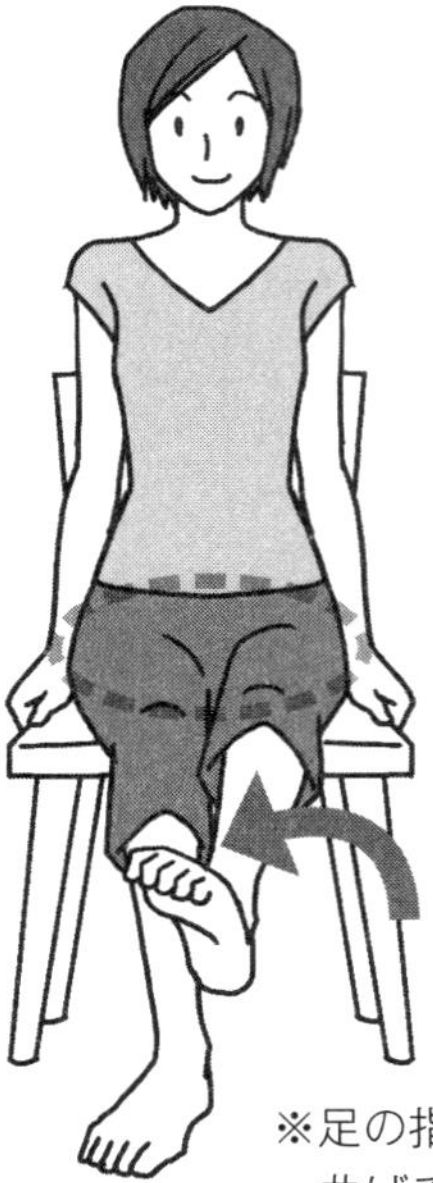

※足の指はギュッと曲げる

point

足が床につく高さのイスに浅めに座りましょう。背もたれに背中をつけないこと！

足をねじるときには、お尻や腕の力に頼らないように気をつけて！　足の指はペンを握っているイメージでギュッと曲げましょう！

◆2 ◆1 の状態から、5秒かけて足を外側にねじりながら、太ももをねじり、そのまま5秒キープ。
◆1 →◆2 を左右の足で同じように行う

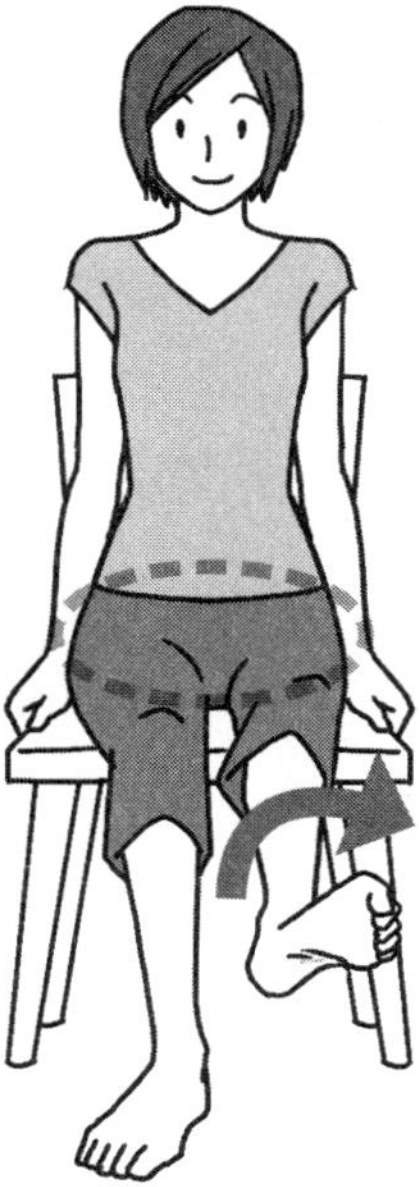

◌＝ねじる筋肉
・大腿四頭筋

point

◆1 のポイントを◆2 でも同様に気をつけましょう！

お尻シェイプ【足ねじり❷】

1 背筋を伸ばして立ち、片足を軽く上げる

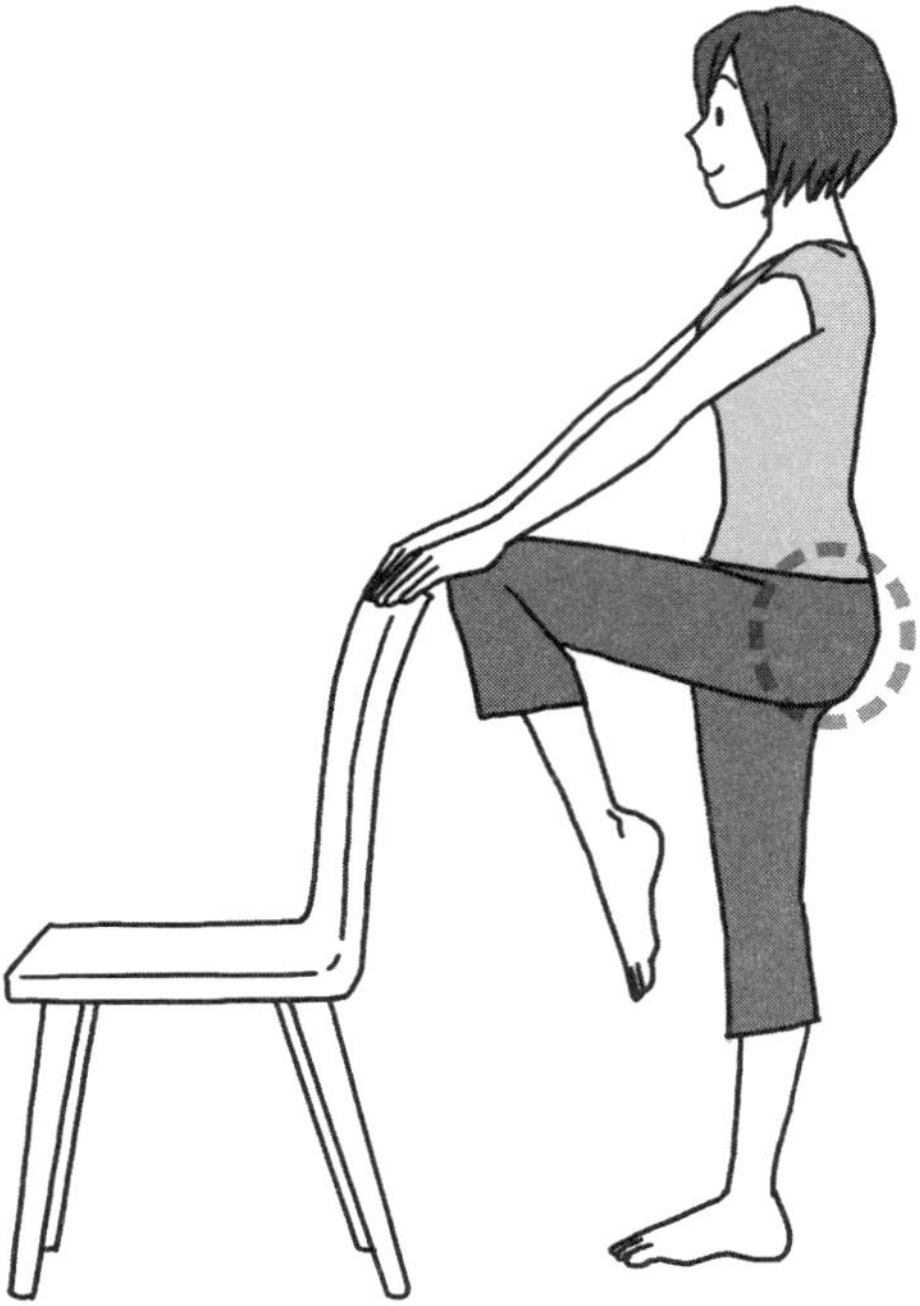

point

バランスを崩さないように、
机やイスなどに
つかまりましょう！

❷ 軽く上げた足を後ろに伸ばして、伸ばし切ったところで、つま先を外側にねじり、そのまま5秒キープ。
❶→❷を左右の足で同じように行う

point
お尻をしっかりねじる
イメージでやりましょう！

◌＝ねじる筋肉
・大殿筋

二の腕シェイプ【腕ねじり】

1 片腕を肩の高さぐらいまで上げる。
握りこぶしをつくり、息を吐きながら
上腕二頭筋に力を入れつつ、
腕をゆっくり折り曲げる

◆2 上腕二頭筋に力をグッと入れ、曲げた状態で力こぶをつくる。
その状態から手首を内側（回外）にまわし、
二の腕をさらにねじった状態で5秒キープ。
◆1→◆2を左右の腕で同じように行う

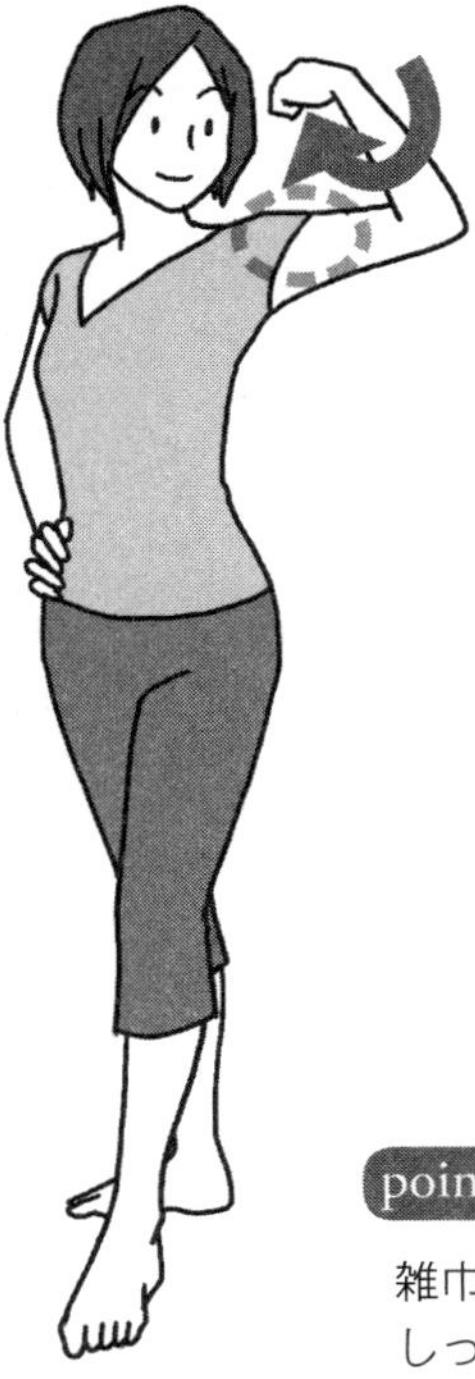

point

雑巾を絞るイメージで
しっかりねじって、
二の腕全体をしっかり
引き締めましょう！

◯＝ねじる筋肉
・上腕二頭筋

バストアップ【胸ねじり】

1. 両手の指先と手のつけ根を胸の前で合わせる

2. 息を吐きながら両手をグッと押し合う。それから5秒かけて両手を前方にねじりつつ、胸の筋肉をしっかり絞り、そのまま5秒キープ

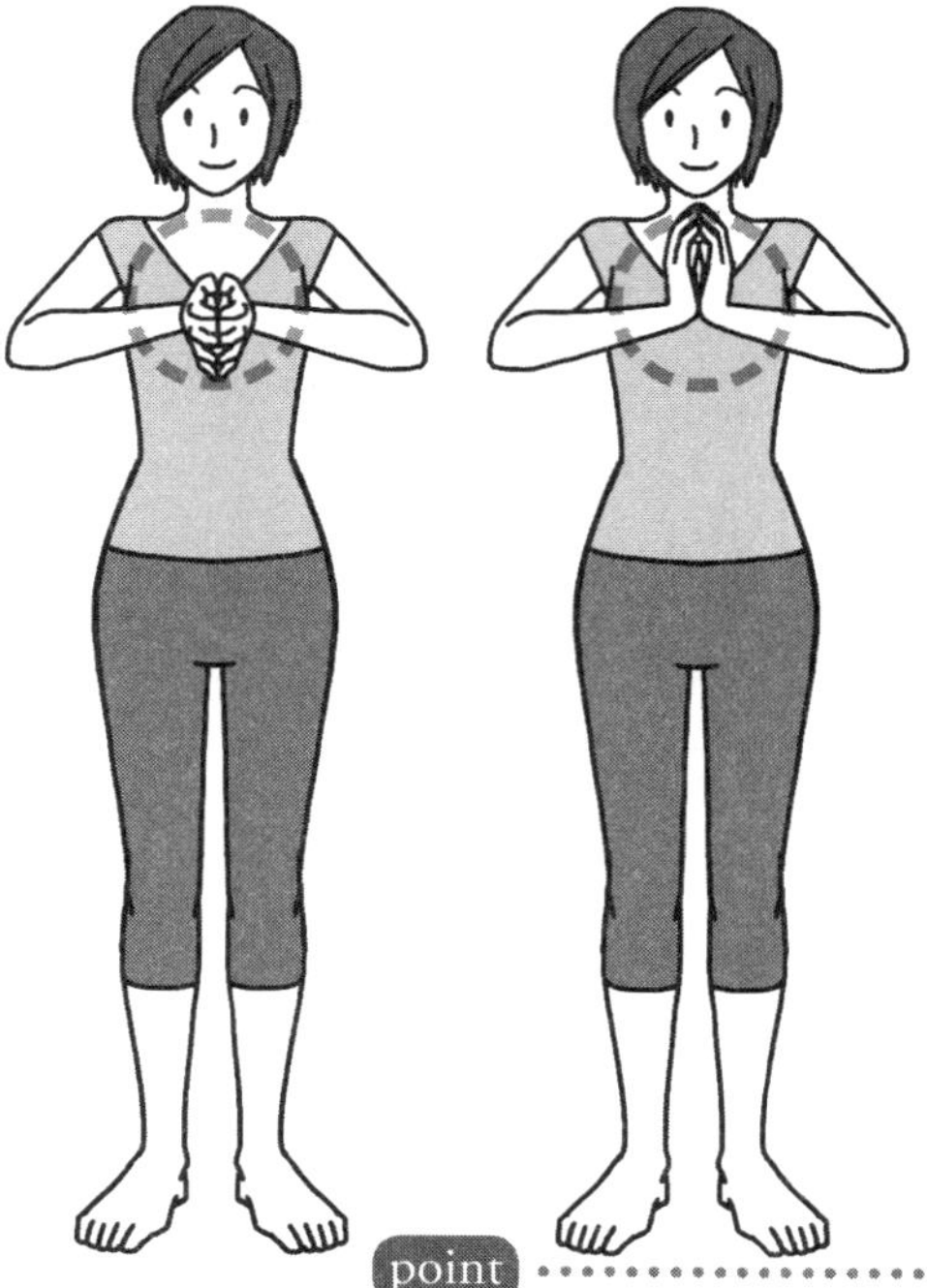

point

両手で押し合いながら、
大胸筋に意識を
集中させましょう！
胸でペンを潰すイメージで！

(◌)＝ねじる筋肉
・大胸筋

第五章　「体重より体型」で健康に

ＢＭＩに潜む「嘘」にご用心

ＢＭＩ（Body Mass Index）は、肥満度をチェックする指数として知られています。ＢＭＩを計算してくれる体重計や体組成計も広く出まわっていますが、体重と身長、二つの数字がわかれば、「ＢＭＩ＝体重（キロ）／身長（メートル）の二乗」という数式で簡単に算出できるので、ある意味、とても便利な数値です。

では、肝心の評価の仕方についてはどうなっているのでしょうか。

日本肥満学会の肥満基準では、一八・五以上二五未満が普通、二五以上三〇未満が肥満一度、三〇以上三五未満が肥満二度、三五以上四〇未満が肥満三度、四〇以上が肥満四度、そして一八・五未満は低体重ということになっています。

この計算式と基準を当てはめると、自分が一七五センチ、九〇キロだった学生時代は、ＢＭＩ三〇弱という数値が弾き出されます。とすると、肥満一度と肥満二度の境界線に近いという判定。これは実情とは大きく異なります。

なぜ、こういう結果になってしまうのでしょうか。それは、筋肉は脂肪よりも重いので、筋肉量が多ければ多いほど、肥満体型であるという判定になってしまうからです。ハリウッドセレブのなかには、ハードなトレーニングをしている人がたくさんいるので、マドンナなどもBMIからすると、太っている部類に入れられてしまうかもしれません。

つまり、BMIはあくまでも、簡易的な指標なのです。言い方を換えれば、ある意味、信用できないということ……。

何しろ、BMI判定を信じるならば、体育学部の学生のように筋肉質な人は、こぞって太りすぎということになってしまいます。明らかにおかしいと思いませんか?

そんなBMIに気をとられていると、間違ったダイエットに走ってしまうケースも出てきてしまうわけです。

一方、筋肉量の少ない女性の場合、筋肉質タイプの人とは真逆の注意が必要です。たとえ、BMIの判定では「普通」あるいは「低体重」だとしても、隠れ肥満の可能性が十分にあり得ます。筋肉量が少なく体脂肪率が高ければ、「太りやすくやせにくい」体質にほかなりません。BMIが「普通」の部類に入るとしても、筋肉量が落ちて体脂肪率が高い状態ならば、リバウンドしやすい体になっています。

筋肉がなければ体脂肪は燃焼しにくいわけですから、非常に効率の悪い体です。裏を返せば、きちんと筋肉がついた体こそ、燃焼しやすい、やせやすい体です。

こうしたBMIの話は、ある程度スポーツ経験のある人にとっては、深くうなずける話だと思いますが、残念ながら、そうでない人たちにとっては、なかなか納得してもらえません。

というのも、テレビをはじめマスメディアでも、「太っている／太っていない」の基準として、ＢＭＩが大々的に取り上げられることが多いからです。まだまだＢＭＩに対する過剰な信用が世間にはびこっているのが現状のように思います。

ダイエットとは、たんに体重計に乗っかって数字が落ちればそれでよし、という取り組みではありません。筋肉質の人は、ＢＭＩの計算だけで評価すると肥満体型に分類されてしまう一方、筋肉不足の人はＢＭＩが適正というケースが多々あります。

しかしながら、ＢＭＩの数値がよくても、隠れ肥満の場合、筋肉不足のために「腰が痛い」「何となくいつも体がだるい」「きちんと姿勢を正せない」などと、体に不調が出やすいのです。

そういう人は、体重、あるいは身長と体重で計算したＢＭＩの数値だけ見ると適正でも、私の目からすると、筋肉質で肥満体型に分類されてしまう人よりも、明らかに姿勢が悪いですし、実際、体も動きません。「動けない体」だと余計に運動もしなくなりますし、彼らの多くはストレッチもしていないでしょう。

筋力はなく体は硬いし、走ろうとすると、関節が衝撃を受けて痛みを感じやすく走れない——そんな悩みを抱えている「ＢＭＩの正常な人」は大勢います。

筋肉ムキムキの人は動けない？

すでに述べたとおり、学生時代の私は身長が一七五センチに対して体重は九〇キロ、BMIは三〇弱。しかし、九〇キロに達しても、「体が重い」「動きにくい」という感覚はまったくありませんでした。

なぜなら、基本的には「筋肉増加＝パワー上昇」だからです。当時の私は大学野球に真剣に向き合っていましたが、野球は瞬発系の動きがほとんどなので、こうした体づくりで問題はないわけです。

「筋肉をつけると重くなって動けない」――これは、ちまたでよく聞く言説です。こういう話をするのは、筋肉をつけたことがない人で、おそらくイメージだけで話しているのだと思います。

とはいえ、なかにはプロ野球の選手ですら、「筋肉をつけると動けない」などと考えている人がいるので、この誤解はまだまだ根が深いと言えるでしょう。ですから、もう少し説明を加えて、とんだ思い込みをときほぐしていきましょう。

まず、「動けなくなる」のは、筋肉だけではなく脂肪が一緒にくっついている場合です。あくまでも筋肉を増やしているのであれば、問題はありません。

たとえば、ラグビーや野球の選手を見てみれば、体が大きくても十分に速く走れることがわかるでしょう。また、ベン・ジョンソン選手のような筋肉隆々の体型でも、陸上短距離で世界記録を叩き出せることは証明済みです。彼の場合、結果的にはドーピングでソウル・オリンピックの金メダルを剝奪《はくだつ》されましたが、筋肉が大きければ大きいほど出力が上がるので、動けないということなどありません。

二〇二〇年には東京オリンピックが開催されることですし、アスリートもトレーナーも、「筋肉をつけると動けない」などという発想は間違いであると気づいて欲しいところです。こうした体づくりに関するさまざまな気づきが、大きな変革につながるのではないかと思います。

たしかに、私が体育大学に入った頃を思い返してみると、身長一七五センチの自分より、体がひとまわりもふたまわりも大きい人たちに囲まれて、「これは技を磨《みが》かないと勝てないな」と感じました。

でも、「われわれ日本人は小柄だから」と、技ばかりに逃げていてはいけません。なぜなら、体格のいい外国人選手にしても、技に対する研究を深めてくるわけです。すると、技だけで勝負しようという発想にも限界があるでしょう。これからは日本人選手も筋肉をしっかりつけて、体自体を大きくする努力が必要だと思います。

ただし、筋肉と一緒に脂肪をつけると動きが悪くなってしまうので、脂肪をつけずに、いかに筋肉を増やすかという課題に対し、あらゆるスポーツの分野で取り組まなければいけません。

少なくとも、「筋肉がついているから動けない」などという前時代的な考え方は葬《ほうむ》らないと、日本人アスリートの未来は真っ暗でしょう。

同様に、体に関するさまざまな誤解が、知らないうちにダイエットを阻害しているケースはしばしばあります。「なんとなく」の思い込みや先入観に踊らされて、むしろやせない方向に行動してしまうのです。

その結果、食事を抜くダイエット、あるいは、バナナ、納豆、サバ缶といった特定の食品に頼る「偏食でやせる」ダイエット法ばかりが一人歩きしているのが現状です。

断食《だんじき》合宿などを行っている施設もありますが、断食はもちろんのこと、カロリーを制限したり偏食を続けていれば、やせるのは当然です。

でも、その「やせ方」が問題……骨格を支える筋肉までやせ細ってしまっては、私のような腰痛を抱えている人間には悲劇が待っています。

そうではなく、何歳になっても筋肉をキープしていくことが、若々しい体をキープする基本中の基本です。それを怠ると、将来的には転倒骨折しやすくなったり、寝たきりなったりして、健康寿命を大きく損ねてしまいます。

落とすべきは脂肪、筋肉はつける——これが大原則です。美容健康のためにも、そしてリバウンドを避ける意味でも、筋肉を落としてはいけません。

そう、「筋トレ＝筋肉ムキムキになる」わけではありません。一口に筋トレと言ってもやり方はさまざま。女性らしい曲線美をつくるためにも筋トレは不可欠なのです。

彫像でたとえれば、針みたいに細い彫刻刀ばかりではなく、適宜《てきぎ》、太い彫刻刀を使い分けるほうがスムーズに作品をつくれます。いわば、筋トレは太い彫刻刀のようなもの。効率的に理想の曲線をつくるために役立つのです。

自衛隊員の体が硬い理由とは

ところで、「私は体が硬いんですけど……」と言ってくる人がよくいます。でも、どんな人でもストレッチを続けているうちに、体は必ず柔らかくなります。

私自身、小学生で腰痛を発症する前までは体が硬いほうで、前屈をしても手が床につかないくらいでした。

しかし、腰痛になってから、筋肉の弱いところを鍛えたり、自分で探り探りバランスの悪いところを整えて、体を柔らかくしようと試みるうちに、次第に体が変わってきました。

そんな私は、二〇一〇年度まで二年間、陸上自衛隊で非常勤の体育講師をしていました。そこで見た自衛隊員は、任務を遂行するために筋トレに励んでいますが、多くの人はストレッチをするという発想が抜け落ちていました。

そして、ストレッチなしで筋トレをしたり、激しい動きをこなしているので、腰を痛めている人も大勢いました。

試しに、彼らがかつぐ荷物を「自分も」と思い、背負ってみたことがあります。それはズシリと重い荷物でした。実際には、彼らはさらに重装備で活動するわけですから、その負荷に見合うだけの筋肉が必要不可欠です。

だからこそ、彼らは筋トレによって筋肉を補強しているわけで、筋肉をつけること自体が悪いのではありません。しかしながら、体が硬いことによって腰がだるいという悩みを抱えている人がたくさんいたのです。

ですから、彼らに対しては筋トレの必要性を説くのではなく、「もっと体を柔らかくしましょう」「ストレッチをしましょう」という話を重点的にしていました。

体を守るためには、筋肉をつけるだけでなく、柔軟性も重要です。なぜなら、体が柔らかいほうが、体にかかる負担を上手く逃がすことができ、ケガ防止につながるからです。

体を柔らかくすればケガをしにくい――身を守るためには、アスリート、スポーツ愛好者はもちろんのこと、一般の人も、できるだけ柔軟性を身につけるのが理想です。

また、「男性は筋肉がある代わりに体は硬い」などと思っている人もけっこう多いようです。ただ前述のとおり、どんなに筋肉量が多い人でも速く動けますし、筋肉があっても体が柔らかい人は本当に柔らかい。体操部の人たちは目を見張るほど筋肉隆々ですが、それこそ体はフニャフニャです。

私が通っていた当時の国士舘大学の男子新体操部は、全日本選手権で優勝するなど、国内トップレベルを走っていましたが、みな筋肉隆々で、なおかつ柔軟性も非常にすぐれており、Y字バランスどころかI字バランスができるほどでした。

ストレッチで「柔よく剛を制す」

もし、「筋肉があるから自分は体が硬いんです」などと言う人がいれば、それは言い訳にすぎません。そういう人は、たいてい筋トレをするだけで、その後にストレッチをしていないから、柔軟性が損なわれてしまうのです。断じて「筋トレをしているから体が硬くなる」のではありません。

私のジムには、ボディビルで賞を獲った経験もある見事な体つきのトレーナーがいます。そんな彼は、うちのジムにやって来た当初、前屈で床に手がつきませんでした。

話を聞いてみると、やはり筋トレだけを入念に行っており、ストレッチはしていなかったのです。そのトレーナーも今では自分のお客さんに、「筋肉をつけてもストレッチをやらないとダメですよ」と教えています。

真実を知らないのが、一般人だけでなく指導側にすら多いというのは、看過《かんか》できない問題です。こうした指導側の現状もあり、世間に広く流通している知識が誤っているケースがしばしばあります。

アスリートやスポーツ愛好者はもちろんのこと、老若男女問わず一般の人にとっても、体づくりの方向性を誤らないためには、本当の情報を知ることが不可欠です。

ジム会員の九割は体を壊している

さて、ジムに通っているみなさんは、一見すると体を鍛えているように見えるでしょう。でも、ほとんどの人が体を鍛えているつもりで、実際は、積極的に体を壊しているのです。

自己流でやっている場合、おそらく九割以上、つまり、ほとんどの人が、わざわざ体を壊しています。私の目には鍛えているようには見えません。

たとえば、自分の関節可動域と合っていない状態でマシンを使い関節を痛めたり、あるいは、腕立て伏せやスクワットといったポピュラーなトレーニングであればあるほど、じつは体を壊す人がたくさんいます。

スクワットをやって腰を壊している人も大勢います。また、腕立て伏せにしても、手を床に当てる位置が悪くて手首を痛めてしまう人がいます。

そのほか、腹筋運動でよくある間違いは、頭の後ろに手を組んでやるやり方。いまだに、そうやりましょうと指導している人がいますが、このやり方だと頸椎《けいつい》に余計な負担がかかって、首を痛めるリスクが高まってしまいます。

このように、腹筋運動、背筋運動、スクワット、腕立て伏せといった、誰でもやったことがあるような、ごく一般的なトレーニングでも、下手をすれば体の故障につながるのです。

そもそも、私自身も体育学部で教員免許をとる課程で、正しい筋トレの方法など学びませんでした。いかに腰に負担がかからないスクワットをするか、首に負担がかからない腹筋運動をするか、そんな知識を教わる機会は皆無《かいむ》です。

体づくりや健康づくりにとって基本中の基本となる知識を学ぶことのないまま大人になり歳を重ねていくことが、どれだけ多いか……たんなるジムのシステムのあり方でなく、もっと根が深いところに問題があるように思います。

ボディメイクの指針の立て方

たとえば、粘土作品やビルを建てる場合を考えてみてください。土台や柱といったベースがしっかりしていることが大事であることは言うまでもありません。

右の柱が細くて左の柱が太い……そんな状態で大きなビルを建てようとしたら、途中でバランスが崩れてしまうでしょう。四方の柱はすべて同じ寸法で垂直に立てたうえで、ようやく「ここはもう少し曲線にしよう」「ここはまっすぐに」などと外観のデザインの話ができるわけです。

しかし、ダイエットをしようと思い立ったときに、「前後左右の筋肉の状態を見直そう」と考える人はほぼ皆無です。そうした前提なしに、ジョギングを始めたり、食事を減らそうとする……体のアンバランスには目がいかないのです。

チェックする方法はいくつかありますが、静的評価と動的評価の大きく二つに分けられます。たとえば静的評価としては、壁に背をつけるようにして立って、その姿勢を確認すること――このときに、後頭部、肩甲骨、お尻、かかとの四ヵ所が壁についていて、腰の後ろに手のひらを差し込める程度のすきまが空いているのが正しい姿勢です。

一方、動的評価としてポピュラーなのは、その場で目を閉じて足踏みを繰り返して、立ち位置のズレを確認すること。すると、左右前後といったズレの方向性によって、体の重心の偏りを知ることができるのです。

これらを組み合わせて行うことで、体の偏《かたよ》りや、自分の体の弱点を認識できます。そこを把握できれば、彫刻や粘土作品のように、「ここに筋肉をつけ足そう」「ここの贅肉を削《そ》ぎ落とそう」などとボディメイクの指針が立てられるのです。

命を持たない静的な建造物や粘土作品でさえ、順序立てて造形美をつくり上げていかなければいけないのに、より複雑で動的な存在の人間ならば、体の歪みをはじめ自分のクセをしっかり認識していなければ、理想の体はつくれません。

ダイエットは体重より「体型」

気にすべきなのは、体重ではなくて体型です。ダイエット健康法を行った結果として、体重が落ちるにすぎません。

体重計で何キロという数字を気にしすぎてしまうと、「食事をもっと減らそう」という考え方に陥りがちです。体重ではなくて、自分はどうなりたいのか、体型をどうしたいのか――そこが最終目標だということを、見失ってはいけません。

たんに体重が落ちただけでは、美しくも見えなければ、健康にもなれません。

ですから、近年はヨーロッパのモデルの協会でも、ＢＭＩ二二を大幅に下まわる、具体的にはＢＭＩ一六や一七のモデルは拒否すると言われています。

これは以前、極端にやせて骨と皮だけのようになって亡くなったモデルがいて、「やせていればいい」とする風潮が一変したという経緯があります。しかしながら日本では、まだまだ「食事だけ減らしてやせました」といったスタイルのダイエットが流行しがちです。たとえば、第二章でふれたレコーディング・ダイエットも、結局のところ、「食事でやせました」というストーリーです。

私に言わせれば、いくらやせたとしても、レコーディング・ダイエットを考案した人物の体型については、カッコいいとは思えませんでした。なぜなら、やせてはいるものの、皮膚がたるんでいたからです。

やせた後に少し運動を取り入れれば、随分と違ったはずですから、私の目から見れば、非常にもったいない。運動もプラスして体型がグンと変わればよかったのになあ、と残念に思いました。

また、レコーディング・ダイエットで提唱されているほど食事をセーブしなくても、筋肉をつければ基礎代謝が上がるので、そんなにキツイ食事制限をせずに済むのです。

レコーディング・ダイエットの後に、リバウンドもなく維持していればすごいと思いますが、食事だけではなかなか難しいのが実情でしょう。

「おもてなし筋」を鍛えて美しく

ところで、二〇二〇年の夏季五輪は東京開催に決定しました。開催地の最終決定のプレゼンテーションでは、滝川《たきがわ》クリステルさんが発した「おもてなし」という言葉も話題になりました。

「おもてなし」の文化は、昔から生きているとしても、私にとって興味があるのは、外国人の目に日本人の姿がどう映るのか。パッと思い出されるのは、サッカーの長友佑都《ながともゆうと》選手のパフォーマンスとしても知られているお辞儀《じぎ》です。実際、外国人は、しばしばお辞儀の動作で日本人の物まねをしたりします。

でも、お辞儀一つとっても、美しさには差があると思います。では、どんなお辞儀が美しく見えるのでしょうか——それには姿勢が大きく関係しています。すっと背筋が伸びて、きれいに背中を倒す。こうした動作がさらりとできるためには、姿勢をキープする筋肉が大切です。

きれいな姿勢を保つために使うのは、首の後ろから腰にかけての筋肉です。ここの筋肉は、言わば「おもてなし筋」です。「おもてなし筋」をしっかり使える体になれば、見た目にも美しく、ホテルマンやドアマンといった接客業に携わる人はもちろんのこと、そうした

「見られる職業」に就いていないとしても、感じがいい印象を与えられる人になるでしょう。日本にやって来た外国人たちにも、「なんて日本人は姿勢がきれいなんだろう」と思われるようになればいいなと願っています。

この姿勢改善は、美的な観点からはもちろんのこと、よりやせやすい体づくりにも大いに役立ちます。

たとえば、私のジムのお客さんにも、自分のことを「猫背気味なんです」と話す人がよく来ます。

でも、ほとんどの場合は、猫背ではなく「前肩《まえかた》」です。前肩のほか「巻き肩」とも呼びますが、肩が体の内側に巻いているような姿勢です。背骨自体が丸まっているのが猫背ですが、前肩の場合、背骨自体は丸まっていません。

前肩の人は、背骨のカーブの状態は悪くないのに、肩だけが内側に入り込んでいるために、猫背気味に見えるというのが実際のところ。前肩になりやすいのは、肩回りを動かしていないような運動不足の人です。

アンチエイジングのための筋肉

通常、若いうちは、背骨と背骨の間のクッションにあたる椎間板《ついかんばん》がしっかりしているので、背骨をきれいなS字に保っていられます。

けれども、運動習慣が乏しいと筋力量の低下が進み、重力に逆らう筋肉が不足しやすくなります。その結果、自分の体を支える力も落ちて、必然的に、姿勢も崩れてしまうのです。

さて、重力に逆らう筋肉を「抗重力筋」といいます。これは立っているときや座っているときに、姿勢を保つために必要な体幹の筋肉が該当します。こうした抗重力筋が不足していると、体を支える力が弱いために、何かと疲れやすくなってしまいます。

建築物にたとえると、基礎が弱いマンションのようなもの。たとえ、デザインが素敵で、素人目《しろうと》にには問題なく建てられているように見えたとしても、基礎部分に抜かりがあれば、地震など、何かがあったときに壊れやすいのは火を見るよりも明らかです。

私たちの体も同様で、いかに一流の衣服を身につけていても、すぐに姿勢が崩れてしまうようでは、きれいにも見えませんし、日常的に余計な負荷がかかるので、ヒザや腰に痛みが出たり、不調を感じやすくなります。

私の場合は職業柄、普段から周りの人の姿勢が気になるほうですが、前肩の人をはじめ、姿勢の崩れている人を非常に多く見かけます。これは高齢者に限りません。むしろ、二〇歳代や三〇歳代といった若い世代のほうが、姿勢の悪い人が多いのではないかという印象を抱いています。

まずは、普段はあまり使っていない「眠っている筋肉」を見つけて呼び起こすこと。体を動かしてみない限り、姿勢改善は望めません。運動が苦手な人でも、できる範囲でやるだけで、結果は全然違います。

第一章で述べたとおり、褐色脂肪細胞はカプサイシンによって活性化しますが、なおかつ、実際に自分で体を動かして刺激を与えるのが理想です。ごく簡単な動きをして、そこにカプサイシンをプラスする――こうしたスパイスを添加することで、よりよい結果が得られるというわけです。

「デブッチョ」と「マッチョ」

ところで、私は母校の大学の講師をしていますが、近頃の男子学生は全体的に筋力不足だと実感しています。ベンチプレスが二〇キロ程度しか上がらないなど、女子学生並みの筋力しかない人が少なくありません。

筋力低下の理由としては、学校の部活動や習い事として継続的に運動をしている学生が、昔に比べると少なくなっているからかもしれません。

たとえば国士舘大学の場合、かつては体育学部に入学すると、必ずどこかの運動部に所属する規則になっていました。また、柔道や空手といった武道や、相撲、レスリング、体操など、さまざまな分野の科目がすべて必修でした。

一方、国士舘大学に限らず、近年の体育学部の傾向を見ると、「必ずしも運動部に所属しなくてもいいですよ」というケースが増えているようです。体育学部の先生たちに話を聞いている限り、体育学部ですら運動する機会が少なくなっているのが現状のようです。

ほかの学部の学生だったらなおのこと、体育の実技自体がほとんどありませんし、昔に比べると、運動部や体育会系のサークルに所属する人も減ってきているのではないかと感じています。

その理由の一つとしては、やはり子供の頃から外に出て遊ぶ機会が少なくなっていることでしょう。若いうちの体づくりが、ないがしろにされがちだと、この先、大人になってからのことが心配です。

その一方で、街中を歩いていると、体格のいい男性に出くわすこともしばしばありますが、「二の腕が太いなあ」と思った人をよくよく見てみると、何のことはない、結局、お腹回りも太い人が多いのです。

私に言わせれば、そんな体型は「マッチョ」ではなくて「デブッチョ」の部類です。男性の場合、そこを勘違いされている人が多いのではないかと思います。

マッチョ、いわゆる「カッコいい」と称される男性的な体型は、腕の太さに反比例してお腹は細い、ギュッとウエストが絞られた、逆三角形の体型です。背広が似合うのもこうした体型なのです。

一般的に、加齢にしたがって、男性はとくに内臓脂肪でお腹が出やすくなってきます。ジムで鍛えている人でさえも、お腹回りが気になる人は少なくありません。ですから、世の男性の方々には、二の腕ばかりではなく自分のお腹のほうにも目を向けてみてください、と言いたいのです。

プロ野球選手への夢が閉ざされて

私が体づくりの大切さを訴え続けている根底には、運動万能だった子供の頃の苦い体験があります。

私の運動経験は小学校に上がる前までさかのぼり、父に連れられて参加した柔道教室が、その始まりです。

今でこそ、私は筋肉隆々の体をしていますが、幼稚園児の頃は、下の名前（カオル）が女の子のようだとからかわれて、泣いて帰ったりしていました。そんな私をもっとつよくしたいという思いから、父は私と柔道をつなげるきっかけをつくってくれたのだと思います。

小学校高学年にもなると、かなり柔道も上達し、最終的には、柔道二段を取得しました。

一方、小学校に上がって硬式野球のリトルリーグに入って、野球を本格的にやりはじめると、球技も楽しいなと思うようになりました。

そんなふうに、野球に関しては手応えを感じていたのですが、小学校六年のある日、突然、腰に激痛が走り動けなくなり、目の前が真っ暗になったのです。

腰を痛めた原因は、突発的なケガではなく、野球と柔道のオーバートレーニング。初めて全身に響くような痛みに襲われたときのことを、今でもはっきり覚えています。

当時、スポーツ障害という言葉は聞かなかったと思いますが、整形外科では、腰椎分離症と第五腰椎椎間板《ついかんばん》ヘルニアだと説明されました。簡単に言うと、腰椎の一部が分離（骨折）して、腰椎間でクッションの役割を果たしている椎間板が潰れている状態です。

私が精を出していた野球と柔道は、どちらも左右に回旋《かいせん》する動作が多くあり、今にして思えば、こうした体にかかる負担のアンバランスさのために、腰椎の右側が分離してしまったのだと考えています。

当時、医師からは「腹筋と背筋を鍛えなさい」とアドバイスされて、一生懸命言われたとおりに実行しましたが、まったく改善は見られませんでした。

その頃、通院していた整形外科で真っ先に思い出すのは、自分の横でおじいさん、おばあさんたちが横たわる姿です。おじいさん、おばあさんの間に、野球少年の自分が交じる……

少し前までプロ野球選手を夢見ていたのに、急に自分が年寄りになってしまった気分になり、整形外科に行くたびに非常に暗い気持ちになりました。

また医師からは、「骨盤から削った骨を移植しないと、もう運動はできません」とも宣告されました。しかし、それは絶対に嫌だったので、子供ながらに「もう一度、動ける体になるにはどうしたらいいのだろうか」と考え続けたのです。

腰痛を克服したトレーニング

私は、「同じ動きを積み重ねたことで、こうなったのだから、そうではない動きを取り入れてみよう」と思いました。

具体的には、腹筋や背筋といった前後運動ではなく、左右に動いてみるなど、自分なりに工夫を続けました。とにかく、何とか運動を続けたい一心で、自己流のトレーニングを試みたのが、私の体づくりのスタートです。こうした自己流の努力の甲斐あって、次第に動けるようになってきたのです。

当時は、「これで手術をしなくても野球はできるな」と少し安堵しました。その一方で、「プロ野球選手になるのは無理だろうな」と、この時点で諦《あきら》めざるをえませんでした。

そんなことから、私は、野球の技をさらに究《きわ》めようというよりも、自分の体をもっと追究したいという動機で、体育学部に入学したのです。そして、実際にセンサーをつけて筋電図を使って調べていくうちに、「これだけの負担がかかって腰椎が分離したんだな」「子供のときから自分が実践してきた左右の動きが、体のアンバランスを整えて役立ったのだな」などと、理解を深めていったのです。

いずれにせよ、独自のケアによって、大学時代は大きな痛みに悩まされることなく、野球に励むこともできました。

具体的には、大学の野球部では五〇メートル五秒九の俊足を活かして、打順は二番、あるいは一番でレギュラーを張っていました。

当時の国士舘大学の野球部は、甲子園出場の経験者も多く、部員も一〇〇人近くいました。一方、私の場合、リトルリーグや高校野球では三番や四番を打つこともありましたが、大学野球になると、「上には上がいるな」ということを痛感しました。

ただ、プロは無理でも社会人野球ならばやっていけるのではないかという考えも当時はありました。また、「自分も腰さえ痛めなければ」という思いは、常に心のどこかで抱き続けていました。今でもなお、その気持ちは拭《ぬぐ》えていません。

こうした思いと並行して、「子供たち、あるいは大学生に対しても、もっともっと、きちんと体づくりについて教えられるトレーナーがいればいいのに」という思いもふくらんでいきました。

そして、私は自分の意志で方向転換することを決めたのです。それは、この爆弾を抱えたまま社会人野球に進んで自己満足で終わるより、自分と似たような境遇の人を救う人になりたいと――。

真剣にスポーツに取り組んでいる人のなかには、私のように体を痛めてやめてしまった人も数多くいます。でも、「こんなトレーニングをして体づくりをすれば動けるんですよ」という事実を、トレーナーになれば伝えることが可能です。

腰痛に限らず、いかにケガをさせないか、あるいは、ケガなどを抱えている人たちの選手生命をいかに長く保たせるか――それこそが、自分の使命だと感じたのです。

小学生にして腰を痛め、巨人軍の選手になる夢をあきらめた自分だからこそ、そして、痛みという爆弾を抱えながら、ずっと体と対話をしてきた自分だからこそ、伝えられることがあるはずだ――今でもそう思っています。

年齢を重ねたとき、さみしく感じる瞬間の一つは、思うように動けなくなった場面ではないかと私は思います。体が動くありがたさについて、歳をとって動けなくなった時点で気づくのか、まだ体が動くうちに気づくのか、そこが肝心でしょう。

そして、いかに体の老化を遅らせるか、動きが鈍る速度を遅らせるか、いかにギリギリまで動ける体を保てるかによって、行動スタイルも規定されます。言い方を換えれば、運動習慣を身につけることによって、老後の可能性がグンと広がるのです。

一方、動けない体になってしまえば、日常生活を送るうえでも、何かとしんどく感じることが多くなります。そうなると、物事に対する意欲や好奇心なども失われやすくなってしまうのです。心と体のコンディションが互いに大きく関係していることは、多くの人が経験している事実ではないでしょうか。

だからこそ、思い立ったが吉日《きちじつ》。老後に向けて「健康貯金」をコツコツ増やしていきましょう。

任天堂Ｗｉｉフィット監修の魂

ところで、私は任天堂の健康管理用ゲームソフト「Ｗｉｉフィット」シリーズのトレーニング監修をしています。

このＷｉｉフィットのテレビコマーシャルでは、ゲームをやって遊んでいる場面しか映っていませんでしたが、このソフトには自分の体のバランスをチェックする機能があります。

測定結果に応じて、「あなたの重心は右に傾いているので、左側の筋肉が引っ張られているのかもしれません」「こうしたバランスの崩れがあると、腰痛になる可能性があるので気をつけてください」「体のバランスを整える運動をしましょう」といったアドバイスができます。

こうしたツールを使って、個々人、あるいは家族で、それぞれの体の状態を知ってもらいたいというのが私の願いです。

というのも、バランスの崩れを知らないまま放っておくと、さらにアンバランスに偏って体の状態は悪化してしまいます。

ただし、このWiiフィットはダイエット機器として監修したものではありません。体重を落とすといった単純なダイエットを目指したものではなく、体の構造や仕組みを楽しみながら学び、家族の健康増進に役立てて欲しいという考えのもとでつくられています。

たとえば、高齢者になると下半身から筋萎縮《きんいしゅく》が起こります。筋肉が衰えると、外出がままならなくなったり、ひいては、うつ症状が出たり、認知症になるリスクも高まります。ですから、楽しみながら下半身を強化することは、高齢者にとっても非常に重要です。

一方、子供たちにとっては、神経系の発達が大切ですから、神経系を発達させようという目的でつくっています。

私自身がトレーナーとして直接ケアできる人は限られています。けれども、私の考え方の詰まったＷｉｉフィットを使ってもらえれば、日本中のみならず、世界中の人々に、私の思いを間接的に届けることができるのです。

バランスＷｉｉボード自体は、販売台数が世界で三〇〇〇万台はゆうに突破していて、世界で一番売れている家庭用体重計としてギネス記録に認定されています。一人でも多くの人に自分の考えを知ってもらいたいという思いでＷｉｉフィットの開発に携わったので、販売数がギネスに載るほど世界に受け入れてもらえたことは、私自身にとっても非常にうれしい出来事でした。

というのも、自分の伝えたいと思っている考えが、Ｗｉｉフィットというゲームソフトを介してではありますが、老若男女、国を問わず、共感してもらえた証だと思うからです。この仕事も、「トウガラシ体操」や「ねじるエクササイズ」の考案同様、私にとっては重要な使命だったのだと自負しています。

仕事ができる人の体とのつきあい方

さて、私の経験からすると、経営者をはじめ大きな責任を背負っている人ほど、主治医の代わりにトレーナーをつけている人が多いように思います。

おそらく「自分が倒れたら困る」といった自覚がそうさせるのでしょう。「体が資本」という事実を、しっかり現実的な問題として受け止めている人たちです。

また私のお客さんは、デザイナーさんなどクリエイティブな仕事に就かれている人も多い。アイデアを出すために机にずっと座っているよりも、オンとオフを切り替えて体を動かしたほうが、新たなアイデアが湧きやすいと話をしてくれる人もよくいます。

仕事のできる人こそ、体づくりをないがしろにせず、上手に時間を使っているように思います。

また、会社経営をしているAさんは、三〇〇〇万円くらいする高級車、マセラティに乗っているのですが、最初にお目にかかったときに、「マセラティに乗るのに見合う体をつくりたい」と話してくれました。

「高級車から降りてきたのが、お腹がたるんだ社長じゃカッコ悪いでしょ?」というのが本人談。マセラティのような格のある車でどこかに乗りつけたときに、さっそうと降りたいという希望がありました。

車に限った話ではなく、たとえば、おしゃれにいくら気を使っていても、体型がよくないと、着ている姿も素敵には見えません。

また、私が指導しているモデルさんも、自分なりの理想をしっかり持っている人たちばかり。たくさんあるスポーツクラブのなかから、あえて私のところを選んでやって来てくれる。だからこそ、こちらとしても、筋トレで回数を数えるばかりのトレーナーのような仕事はできません。きちんとその人の弱点を見つけ出さないといけないという使命感もひとしおです。

肩こりがある、ちょっと腰が痛む、たまにヒザが痛むなどといった場合に、トレーニングで改善しようという人はそう多くありません。しかし、長い目で見れば、マッサージなどで対症療法を続けるより、腰痛や肩こりの根本的な原因を見つけ出すほうが賢明でしょう。

たとえば筋肉で補強をしても、張りが出るときは出る。そういうときにマッサージを利用するのはいいと思いますが、何となくその場しのぎでマッサージだけをやったところで、ほとんど無意味です。

たとえて言うならば、マッサージをするのは、古くなって耐震強度が脆弱《ぜいじゃく》になった建築物に対して、表面だけペンキを塗り替えているようなもの。本来だったら、弱っている骨組みのところから修理しなければいけません。

理想の体型は自分でデザイン

たとえば腰痛になると、いくつもの病院を転々とまわってみる、いわゆる「ドクターショッピング」に陥る人がいます。でも、ボディメイクに本腰を入れて腰痛のケアをしようという人の態度には、自分の体を自分でつくり直そうというつよい意欲が感じられます。

腰痛があるといった切実な悩みがなくても、自分なりの理想をしっかり持っている人、自分の意志で物事を切り拓《ひら》いていきたいと考えている人こそ、自分の体をデザインしたいという発想が生まれるのでしょう。

ただし、自分の体を理想どおりにデザインするには、「本物を選ぶ目」が必要でしょう。たとえば、「ジムに行けば体は変わる」と短絡的に考えるのは誤りです。そんな根拠のない楽観的な考えは、案外多く見受けられ、前述したとおり、ただランニングマシンで何となく汗をかいて満足して帰る……そんな人が大勢います。

体を変えるためのトレーニングは、工芸品をつくるのと同じです。

ガラス工房で言えば、経験の浅い職人ばかりいる工房に行けば、自分で作品をつくる力はなかなか伸びないでしょう。一方、年季の入った職人さんたちが揃っていれば、自分の理想の作品をつくれるようになるはずです。

ジム選びも同じ。トレーナーにしても、職人と呼ぶにふさわしい人は全国各地にいます。ですから、そういったレベルの高い人を真剣に見つけることが、自身が理想とする体をつくる近道です。教えてもらう人のレベルが、自分の体という作品の完成度を大きく左右します。

今まで「何となくだるくて動きたくないな」と思っていた人が、「ああ、体を動かすのが楽しいな」「もっと外に出てウォーキングをしたいな」などという気持ちを呼び起こすくらいの意識改革であれば、短期間でも実現可能でしょう。

そこからさらに、体型をきちんと変えるとなると、さらにもう一歩、二歩と進んだ、本人の意識改革が必要になってきます。でも、そうするだけの価値は十分にあります。

というのも、自分の体とは一生つきあっていくわけです。ですから、一生に一度くらいは自分の理想の体型や健康的な体にこだわってみてもいいのではないでしょうか。

体をデザインしてみることに一度もチャレンジしないで一生を終えるより、一回くらい本気で試してみるほうが、ずっとワクワクするはずです。

あとがき――「体づくりの教科書」を目指して

本書は、みなさんの「体づくりの教科書」になればという思いで書き上げました。繰り返しますが、健康的なダイエットは、単純に体重を落とすイベントではありません。体重より体型。理想の体型を目指して、取り組みましょう。筋肉バランスを整えたり、余計な脂肪を燃焼させる、理に適ったダイエット健康法は、美しく健やかな体づくりに必ずつながります。

若いうちに体づくりの重要性に気づくことができれば、それに越したことはないでしょう。けれども、思い立ったが吉日《きちじつ》という言葉のとおり、何歳になっても、「今からでは遅すぎる」などということはありません。

小学生時代に腰を痛めて、早々にプロ野球選手になる夢をあきらめた私にとって、パーソナルトレーナーは天職だと考えています。しかしその一方で、常に歯がゆい思いを抱いているのは、直接的に、自分が健康的な体づくりをサポートできる人数は、ごくごく限られてしまうこと……残念ながら、私の身一つで対応できる範囲は、それほど広くありません。

こうした点を踏まえると、今回、この書籍を上梓《じょうし》する機会に恵まれたことは幸いでした。というのも、不特定多数に向けて、私が培《つちか》ってきた経験、理論、ノウハウをしっかり発信できたからです。

「知行合一《ちこうごういつ》」という古くから中国に伝わる言葉がありますが、健康的なダイエットへの取り組みも、まさにそのとおりです。知ることと実践すること、この二つのどちらが欠けても成功はありません。

決して、本書の字面《じづら》を追うばかりでなく、まずは、ごく簡単な運動を一回やるだけでもかまわないので、とにかく試してみてください。ゼロと一とは大違いなのです。

この一冊を通じ、一人でも多くの人が、「健康で理想の体」を手に入れて、よりアクティブな、よりポジティブな人生を楽しめることを切望しています。

二〇一五年一〇月

松井《まつい》　薫《かおる》

松井 薫

1971年、埼玉県に生まれる。パーソナルトレーナー。国士舘大学体育学部卒業。東京ボディビル選手権大会70キロ級3位。各界著名人のパーソナルトレーニングをはじめ、芸能人やモデルのボディデザインなどを、年間1700件以上担当。エビデンスに基づくダイエット法に定評がある。テレビの健康番組でのわかりやすい解説も好評で、スポーツトレーナーとして初めて「徹子の部屋」(テレビ朝日系)に出演。また、大ヒットした任天堂の家庭用ゲームソフト「Wii Fit」シリーズを監修。著書には、『体を動かさずにお腹が凹む! 立ったままで「5秒腹筋」』(永岡書店)、『10歳若返りストレッチ 姿勢が良くなる! 痛みが消える! 自律神経が整う!』(メディアファクトリー)などがある。
公式HP　http://www.matsuikaoru.com

講談社+α《プラスアルファ》新書　708-1 B

10歳《さい》若《わか》返《がえ》る! トウガラシを食《た》べて
体《からだ》をねじるダイエット健康法《けんこうほう》

松井《まつい》 薫《かおる》

2015年10月20日第1刷発行

発行者―――鈴木 哲
発行所―――株式会社 講談社
東京都文京区音羽2-12-21 〒112-8001
電話 出版(03)5395-3522
販売(03)5395-4415
業務(03)5395-3615

カバー写真―――乾晋也, Getty Images
デザイン―――鈴木成一デザイン室
カバー印刷―――共同印刷株式会社
印刷―――慶昌堂印刷株式会社
製本―――株式会社若林製本工場
本文組版―――朝日メディアインターナショナル株式会社

ISBN978-4-06-272909-3

講談社＋α新書

マッサン流「大人酒の目利き」　「日本ウイスキーの父」竹鶴政孝に学ぶ11の流儀
野田浩史
朝ドラのモデルになり、「日本人魂」で酒の流儀を磨きあげた男の一生を名バーテンダーが解説
840円　663-1 D

63歳で健康な人は、なぜ100歳まで元気なのか　人生に4回ある「新厄年」のサイエンス
板倉弘重
75万人のデータが証明!!　4つの「新厄年」に人生と寿命が決まる！　120歳まで寿命は延びる
880円　664-1 B

預金バカ　賢い人は銀行預金をやめている
中野晴啓
低コスト、積み立て、国際分散、長期投資で年金不信時代に安心を作ると話題の社長が教示!!
840円　665-1 C

万病を予防する「いいふくらはぎ」の作り方
大内晃一
揉むだけじゃダメ！　身体の内と外から血流・気の流れを改善し健康になる決定版メソッド!!
800円　666-1 B

なぜ世界でいま、「ハゲ」がクールなのか
福本容子
カリスマCEOから政治家、スターまで、今や皆ボウズファッション。新ムーブメントに迫る
840円　667-1 A

2020年日本から米軍はいなくなる
飯柴智亮　聞き手・小峯隆生
米軍は中国軍の戦力を冷静に分析し、冷酷に撤退する。それこそが米軍のものの考え方
800円　668-1 C

テレビに映る北朝鮮の98%は嘘である　よど号ハイジャック犯と見た真実の裏側
椎野礼仁
よど号ハイジャック犯と共に5回取材した平壌…煌やかに変貌した街のテレビに映らない嘘!?
840円　669-1 C

50歳を超えたらもう年をとらない46の法則　「新しい大人」という50+《フィフティプラス》世代はビジネスの宝庫
阪本節郎
「オジサン」と呼びかけられても、自分のこととは気づかないシニアが急増のワケに迫る！
880円　670-1 D

常識はずれの増客術
中村元
資金がない、売りがない、場所が悪い……崖っぷちの水族館を、集客15倍増にした成功の秘訣
840円　671-1 C

イギリス人アナリスト日本の国宝を守る　雇用400万人、GDP8パーセント成長への提言
デービッド・アトキンソン
日本再生へ、青い目の裏千家が四百万人の雇用創出と二兆九千億円の経済効果を発掘する！
840円　672-1 C

イギリス人アナリストだからわかった日本の「強み」「弱み」
デービッド・アトキンソン
日本が誇るべきは「おもてなし」より「やわらか頭」！　はじめて読む本当に日本のためになる本!!
840円　672-2 C

表示価格はすべて本体価格（税別）です。本体価格は変更することがあります

講談社+α新書

こんなに弱い中国人民解放軍　兵頭二十八
核攻撃は探知不能、ゆえに使用できず、最新鋭の戦闘機200機は「F-22」4機で全て撃墜さる!!
840円 686-1 C

巡航ミサイル1000億円で中国も北朝鮮も怖くない　北村 淳
世界最強の巡航ミサイルでアジアの最強国に!! 中国と北朝鮮の核を無力化し「永久平和」を!
920円 687-1 C

私は15キロ痩せるのも太るのも簡単だ! クワバラ式体重管理メソッド　桑原弘樹
ミスワールドやトップアスリート100人も実践!! 体重を半年間で30キロ自在に変動させる方法!
840円 688-1 B

「カロリーゼロ」はかえって太る!　大西睦子
ハーバード最新研究でわかった「肥満・糖質・酒」の新常識! 低炭水化物ビールに要注意!!
800円 689-1 B

銀座・資本論 21世紀の幸福な「商売《あきない》」とはなにか?　渡辺 新
マルクスもピケティもていねいでこまめな銀座の商いの流儀を知ればビックリするハズ!?
840円 690-1 C

「持たない」で儲ける会社 現場に転がっていたゼロベースの成功戦略　西村克己
ビジネス戦略をわかりやすい解説で実践まで導く著者が、39の実例からビジネス脳を刺激する
840円 692-1 C

LGBT初級講座 **まずは、ゲイの友だちをつくりなさい**　松中 権
バレないチカラ、盛るチカラ、二股力、座持ち力…ゲイ能力を身につければあなたも超ハッピーに
840円 693-1 A

医者任せが命を縮める **ムダながん治療を受けない64の知恵**　小野寺時夫
「先生にお任せします」は禁句! 無謀な手術、抗がん剤の乱用で苦しむ患者を救う福音書!
840円 694-1 B

「悪い脂が消える体」のつくり方 肉をどんどん食べて100歳まで元気に生きる　吉川敏一
脂っこい肉などを食べることが悪いのではない、それを体内で酸化させなければ、元気で長生き
840円 695-1 B

2枚目の名刺 未来を変える働き方　米倉誠一郎
イノベーション研究の第一人者が贈る新機軸!! 名刺からはじめる〝寄り道的働き方〟のススメ
840円 696-1 C

ローマ法王に米を食べさせた男 過疎の村を救ったスーパー公務員は何をしたか?　高野誠鮮
ローマ法王、木村秋則、NASA、首相も味方にして限界集落から脱却させた公務員の活躍!
890円 697-1 C